数字时代背景下

企业财务成本控制与管理

刘琦琦◎著

山西出版传媒集团
SHANXI PUBLISHING MEDIA GROUP

山西经济出版社

图书在版编目（CIP）数据

数字时代背景下企业财务成本控制与管理 / 刘琦琦
著. -- 太原：山西经济出版社，2025.7. -- ISBN 978-
7-5577-1520-5

I. F275

中国国家版本馆 CIP 数据核字第 2025MW2441 号

数字时代背景下企业财务成本控制与管理
SHUZI SHIDAI BEIJING XIA QIYE CAIWU CHENGBEN KONGZHI YU GUANLI

著　　者：刘琦琦
责任编辑：郭正卿
装帧设计：中北传媒

出 版 者：山西出版传媒集团·山西经济出版社
地　　址：太原市建设南路 21 号
邮　　编：030012
电　　话：0351-4922133（市场部）
　　　　　0351-4922085（总编部）
E-mail：scb@sxjjcb.com
　　　　　zbs@sxjjcb.com

经 销 者：山西出版传媒集团·山西经济出版社
承 印 者：三河市龙大印装有限公司

开　　本：710mm×1000mm　1/16
印　　张：14
字　　数：203 千字
版　　次：2025 年 7 月　第 1 版
印　　次：2025 年 7 月　第 1 次印刷
书　　号：ISBN 978-7-5577-1520-5
定　　价：86.00 元

前　言

在当今这个瞬息万变的数字化时代，企业面临着前所未有的挑战和机遇。随着信息技术的飞速发展，大数据、云计算、人工智能等先进技术，正深刻改变着企业的运营模式和财务管理方式。在这样的大背景下，企业财务成本控制与管理不再仅仅局限于传统的记账、核算和预算控制，而是更多地融入了数字化、智能化的元素，通过技术创新实现了更高效、精准的成本管理，为企业创造出了更大的价值。

本书旨在深入探讨数字技术如何重塑企业财务成本控制与管理的面貌，分析新技术带来的机遇与挑战，为企业提供一套适应数字时代要求的成本控制与管理策略。其中内容涵盖了企业财务成本控制的基础理论、数字化工具的应用、成本管理策略、风险管理、财务绩效管理等多个方面，同时结合丰富的案例研究，展示了成功企业在财务成本控制与管理方面的实践探索。通过这些内容，读者不仅可以了解数字时代背景下企业财务成本控制与管理的最新趋势和最佳实践，还能从中汲取灵感，为自身企业的财务管理转型提供有益的参考。

此外，本书还特别强调了技能提升和持续学习的重要性。在数字时代，企业财务人员需要不断更新自己的知识体系，掌握新技术、新方法，以适应不断变化的市场环境。因此，本书在最后一章专门探讨了企业财务成本控制与管理所需的技能提升路径，旨在帮助读者在职业生涯中不断成长和进步。

总之，本书是企业财务管理人员、学者及学生不可或缺的参考工具。

它不仅能够帮助读者深入理解数字时代对企业财务成本控制与管理的影响，还能提供实用的策略和方法，助力企业在激烈的市场竞争中脱颖而出，实现可持续发展。期待本书能够成为您财务管理知识宝库中的一颗璀璨明珠，为您的职业生涯和企业发展增添新的动力。

刘琦琦

2024 年 12 月

目 录

第一章　数字时代企业财务管理概览

第一节　数字时代的定义与特征

一、数字时代的定义

在当代社会，信息技术呈迅猛发展之势，互联网亦广泛普及，人类社会正历经一场史无前例的变革，数字时代的降临便是这一变革的显著标识。所谓数字时代，亦称作数字化时代。欲明晰数字时代的定义，需先洞悉"数字化"之概念。"数字化"，乃是指将传统的物理形态、流程或信息，借助数字技术、数字工具以及计算机等设备，转化为数字形式的过程。在此过程中，各类数据、信息、媒体或资源，均被转换为二进制编码，从而得以在数字环境中实现存储、传输、处理与操作。数字化的通俗理解一般包括以下几个方面。

（一）数字内容

传统意义上的媒体内容，如文字、图片、音频、视频等，在数字化时代均能被有效地转换成数字形式。这一转化过程不仅便于这些内容在计算机系统和互联网环境中的存储、传播，还极大地提升了其可访问性。以纸质书籍为例，通过先进的扫描技术和光学字符识别（Optical Character Recognition，OCR）技术，可以将其转化为电子书格式，使得阅读不再受时间和空间的限制。同样，音乐和电影等多媒体内容也可以以数字格式进行保存和传输，极大地丰富了人们的文化娱乐生活，并促进了相关产业的快速发展。

（二）数字产品和服务

在数字化浪潮的推动下，许多传统产品和服务都经历了深刻的改进和转变。数字摄影技术的兴起，使得胶片相机逐渐淡出历史舞台，取而代之的是更加便捷、高效的数字照相机；数字音乐的出现，让 CD 唱片成为过去式，人们可以通过在线音乐平台随时随地享受高品质的音乐体验；电子商务的蓬勃发展，则彻底改变了传统零售业的格局，为消费者提供了更加便捷、个性化的购物体验。这些数字化产品和服务的涌现，不仅提升了人们的生活品质，还推动了相关行业的创新与发展。

（三）数字通信与互联网

互联网的普及和数字通信技术的飞速发展，为人们的交流互动提供了前所未有的便利。电子邮件、社交媒体、在线购物、远程办公等数字化通信手段，使得人们可以跨越时间和空间的限制，进行实时、高效的沟通和协作。这一变革不仅极大地提升了工作效率，还促进了全球范围内的信息和资源共享，为全球经济一体化进程提供了有力的支撑。

（四）数字化管理与运营

在企业管理层面，数字化技术同样发挥着举足轻重的作用。企业和组织纷纷利用数字化技术来改善业务流程、优化信息管理和提升决策制定的科学性。例如，通过引入数字化的生产过程，企业可以实现生产线的自动化和智能化管理，从而提高生产效率和产品质量；供应链管理系统的数字化升级，则有助于企业实现供应链各环节的紧密衔接和高效协同；客户关系管理系统的数字化应用，则让企业能够更加精准地把握客户需求，提供个性化的产品和服务。这些数字化管理与运营的实践探索，不仅提升了企业的竞争力，还为企业的可持续发展奠定了坚实的基础。

二、数字时代的特征

当我们深入理解了数字化的内涵后，便能更清晰地洞察数字时代的本质与特征。数字时代，顾名思义，是一个通过数字化技术全面融入社会经济文化的各个领域，从而推动社会深层次变革与发展的新时代。在这个时代里，数字信息成为主导力量，信息、数据、文档等传统内容形态均以电子形式存在，实现了前所未有的轻松传输、高效存储和便捷处理。

数字时代的到来，不仅彰显了数字化技术日新月异的飞速发展态势，更意味着一系列新兴技术如雨后春笋般涌现，并广泛应用于人们的日常生活中。这些新兴技术，如云计算、大数据、人工智能、物联网等，以其独特的优势和潜力，为各行业的生产力提升注入了新的活力。它们不仅极大地提高了生产效率和质量，还降低了生产成本和资源消耗，使得社会经济活动更加高效、环保和可持续。

同时，数字时代也对人们的生产、生活产生了深远的影响。数字化技术的应用让人们的生活变得更加便捷、智能和丰富。人们可以通过智能手机、平板电脑等数字设备随时随地获取信息、学习新知识、享受娱乐服务，极大地拓宽了生活的视野和范围。在工作方面，数字化技术也为企业提供了更多的创新和发展机遇，使得企业能够更加灵活地应对市场变化，满足消费者的多样化需求。

此外，数字时代还促进了社会经济文化的全面发展。数字化技术的应用推动了文化产业的繁荣兴盛，使得文化产品的创作、传播和消费更加便捷和高效。同时，数字化技术也为教育、医疗、交通等领域带来了革命性的变革，提高了公共服务的质量和效率，让更多的人享受到更加优质的社会服务。

（一）永久性

数字时代以其独特的数据永久性特征，彰显了与传统信息存储方式的显著区别。在数字化技术的广泛普及和深入应用下，海量的数据被不断地生成、收集并储存起来。随着存储技术的不断进步和存储容量的持续扩大，我们正逐步迈向一个信息能够被无限量储存的新环境。这种数据的永久性特征，为信息的长期保存和追溯提供了前所未有的可能。无论是历史事件的记录、科学研究的成果，还是个人生活的点滴，都可以以数字形式被永久保存下来，成为后世研究和回忆的宝贵资源。同时，数据的永久性也为数据的分析、挖掘和利用提供了更广阔的空间，推动了数据科学、人工智能等领域的快速发展。然而，数据的永久性也给社会的信息管理带来了新的挑战。如何确保数据的准确性、完整性和安全性，如何防止数据的泄露、篡改和滥用，成了信息管理领域亟待解决的问题。因此，在享受数据永久性带来的便利的同时，我们也必须加强对信息管理的监管和规范，确保数字时代的信息秩序和公共利益。

（二）可复制性

数字时代另一个显著的特征是数据的可复制性。得益于数字化技术的飞速发展，数据不再受限于传统的物理载体，而是可以以电子形式进行指数式的复制和传播。这一特性极大地提高了信息的传播效率，使得信息能够在极短的时间内迅速扩散到全球范围。可复制性不仅让信息的传播变得更加便捷，还极大地降低了信息的传播成本。在过去，信息的传播往往需要大量的物力和人力投入，而现在，只需要轻轻一点，信息就能跨越时空的界限，瞬间到达世界的每一个角落。这种低成本、高效率的传播方式，使得信息能够更广泛地覆盖到社会的各个层面，无论是城市还是乡村，无论是发达地区还是欠发达地区，都能享受到信息带来的便利和益处。同时，可复制性也促进了信息的共享和交流。在数字化时代，人们可以轻松地获取、分享和传播信息，这使得知识的传播变得更加迅速和广泛，促进了全球范围内的知识共享和创新合作。然而，我们也应意识到，信息的可复制性也可能带来一些问题，如信息的真实性、版权保护等，因此，在享受信息快速传播带来的便利的同时，我们也应加强对信息的管理和监管，确保信息的合法、合规和有序传播。

（三）即时性

在数字化时代，信息的即时性成为其关键属性。在这一时期，数据的接收与解析已经不再受到时间和空间的约束，而是呈现出一种前所未有的实时性。随着智能手表、智能手机等智能设备的普及，人们能够随时随地记录、接收并显示各种数据，这使得信息的获取变得前所未有的便捷和高效。智能手表等设备作为数字时代的典型代表，不仅能够实时监测和记录用户的生理指标、运动数据等，还能通过无线网络即时同步到云端或移动应用上，让用户能够随时查看和分析自己的数据。这种即时性的数据处理方式，不仅提高了人们对自己身体状况的了解和管理能力，还为生活和工作带来了极大的便利。在工作场景中，即时性的信息获取和处理能力也显得尤为重要。无论是电子邮件的即时推送、社交媒体的实时更新，还是在线会议的即时互动，都让工作变得更加高效和灵活。人们不再需要等待信息的传递和反馈，而是能够立即做出决策和行动，从而大大提高工作效率和响应速度。

（四）高效性

数字时代，人们追求以更好、更快速的方式来理解和传播数据，这种对效率的极致追求，不仅深刻地改变了信息的传递方式，也极大地提升了信息的处理和应用效率，为社会的快速发展注入了强大的动力。

在信息传递方面，数字时代的高效性体现得淋漓尽致。传统的信息传递方式往往受到时间和空间的限制，信息传递速度慢、成本高。而数字技术的出现，使得信息可以以光速在互联网上传播，跨越地域和时区的界限，实现即时传递。无论是新闻报道、学术研究还是商业信息，都能在第一时间被全球范围内的受众所获取，极大地提高了信息的时效性和传播范围。

在信息处理方面，数字时代的高效性同样显著。借助先进的计算机技术和算法，人们可以对海量的数据进行快速、准确的处理和分析，提取有价值的信息和知识。这种高效的信息处理能力，不仅为科学研究、商业决策提供了有力的支持，也促进了智能化、自动化技术的发展，使得许多传统行业得以转型升级，提高了生产效率和产品质量。同时，数字时代的高效性还体现在信息的应用上。通过数字化技术，人们可以将信息转化为实际的生产力，推动社会的进步和发展。无论是电子商务、在线教育还是远程医疗，都是数字时代高效性应用的典型代表。这些应用不仅提高了服务的便捷性和可及性，也降低了成本和资源消耗，使得更多人能够享受到优质的服务和资源。

（五）倾向秩序性

数字时代，随着数据的海量生成和快速流通，一种倾向秩序性的特征逐渐显现。这种特征源于数据循环的本质，即数据在不断地生成、处理、传播和再利用的过程中，会形成一种动态的、自我调整的秩序。这种秩序不是静态的、固定的，而是随着数据的流动和变化而不断演变和完善的。

在海量数据的基础上，新的秩序方式不断出现并循环往复。这是因为数据本身具有一种内在的逻辑性和关联性，当数据达到一定规模时，这种逻辑性和关联性就会显现出来，形成一种新的秩序。这种秩序可能是基于数据的分类、归纳、推理或预测，也可能是基于数据的可视化、交互或共享。无论哪种形式，都体现了数据在循环过程中对于秩序的追求和构建。

倾向秩序性为社会的有序发展提供了可能。在数字时代，数据已经成为社会运行和发展的重要基础。数据的有序流动和合理利用，对于提高社会效率、促进创新发展、保障公共安全等方面都具有重要意义。倾向秩序性使得数据能够在循环过程中不断形成和完善秩序，为社会的有序发展提供有力支撑。同时，倾向秩序性也要求我们在数字时代更加注重数据的治理和管理。数据的海量生成和快速流通，带来了数据泄露、滥用等风险。为了保障数据的安全和隐私，我们需要建立完善的数据治理体系，加强数据的监管和保护。只有这样，才能确保数据在循环过程中能够形成健康、有序的秩序，为社会的有序发展提供有力保障。

（六）动态性

数字时代，数据的传递方式发生了翻天覆地的变化。信息的流动与交换速度前所未有地加快，使得这个时代充满了活力和变化。这种动态性不仅深刻地影响着信息的传递过程，更渗透到社会的各个领域，成为推动社会不断创新和发展的强大动力。

在信息传递方面，数字时代的动态性表现得尤为突出。传统的信息传递方式往往受到时间和空间的限制，信息传递效率低下。然而，在数字技术的推动下，信息可以以光速在互联网上传播，跨越地域和时区的界限，实现即时共享。这种快速、高效的信息传递方式，极大地促进了知识的传播和交流，使得人们能够更快地获取新知识、新技能，为社会的创新发展提供了源源不断的智力支持。同时，数字时代的动态性也体现在社会的各个领域。在经济领域，数字化技术的应用使得市场竞争更加激烈，企业需要不断创新以适应快速变化的市场环境。在政治领域，数字化技术为公民提供了更多参与政治的途径和方式，推动了民主政治的发展。在文化领域，数字化技术使得文化产品的创作、传播和消费更加便捷和高效，促进了文化的多样性和繁荣。此外，数字时代的动态性还推动了社会的不断创新和发展。数字化技术的应用为各行各业带来了前所未有的机遇和挑战，激发了人们的创新精神和创造力。无论是新兴产业的崛起，还是传统产业的转型升级，都离不开数字化技术的支持和推动。这种动态性的发展环境，使得社会能够不断适应时代的变化和发展需求，保持持续的创新活力和发展动力。

（七）无限可分性

在数字时代，数据展现出了一种前所未有的特性——无限可分性。这意味着数据不仅可以被整体打包处理，还可以被无限细分，以满足不同场景和需求下的精细化、个性化处理要求。这一特性为数据的广泛应用和深入发展开辟了新的道路。

数据的无限可分性，首先为数据的精细化处理提供了可能。在传统的数据处理方式中，数据往往被作为整体进行处理和分析，难以深入数据的细微之处。然而，在数字时代，借助先进的计算技术和算法，我们可以将数据拆分成更小的单元，甚至到单个数据点的级别，从而进行更加细致、深入的分析。这种精细化处理不仅提高了数据分析的准确性，还为我们挖掘数据中的隐藏信息和价值提供了可能。同时，数据的无限可分性也推动了数据的个性化处理。每个人、每个设备、每个事件都可能产生数据，这些数据具有极强的个性化和差异性。通过细分数据，我们可以更好地理解和满足不同用户、不同场景下的个性化需求，从而提供更加精准、个性化的服务和产品。这种个性化处理不仅提升了用户体验，还促进了商业模式的创新和发展。

（八）连接性和网络化

在数字时代，互联网、物联网、移动通信等技术的飞速发展，将全球各地的设备、系统和个人紧密地连接在一起，构成了一个高度互联、无处不在的网络。这个网络如同一张无形的网，将世界的各个角落紧密相连，使得信息的传递和交流变得前所未有的便捷和高效。人们可以通过智能手机、电脑等智能设备，随时随地进行沟通、交流和协作。无论身处何地，只要有网络连接，就能与世界各地的人进行实时互动，分享信息、讨论问题、共同创作。这种跨越时空的协作方式，极大地拓宽了人们的交流范围，促进了知识的共享。

对于企业和组织而言，连接性和网络化也带来了前所未有的机遇。通过这些网络，企业可以拓展业务，触达更广泛的客户群体，实现市场的全球化布局。同时，网络化还提高了企业的运营效率，使得企业能够更快地响应市场需求，调整战略方向。组织内部也可以通过网络化实现更高效的协作和沟通，打破部门壁垒，促进资源的共享和整合。此外，连接性和网络化还推动了新兴产业的发展和变革。电子商务、在线教育、远程医疗等领域的崛起，都离不开网络化的支持。网络化使得这些领域能够突破传统模式的限制，实现更广泛、更深入的覆盖和服务。

（九）智能化和自动化

在数字时代的宏大背景下，企业的财务成本控制与管理面临着诸多新的变革与挑战，其中智能化和自动化进程的推进尤为关键。随着信息技术的迅猛发展，人工智能、机器学习、自然语言处理等前沿技术持续取得显著进步。这些技术的不断突破，赋予了计算机和机器人更为强大的能力，使其能够高度模拟人类的思维模式与行为逻辑，进而高效且精准地完成一系列复杂程度颇高的工作任务。

从广泛的应用层面来看，智能化的应用场景正呈现出日益丰富与多元的态势。例如，自动驾驶领域依托先进的智能算法与传感器技术，实现车辆的自主导航与行驶决策，极大地改变了交通运输行业的运作模式；智能家居系统借助物联网与智能控制技术，让家庭设备实现互联互通与智能化操控，为人们营造更加便捷、舒适的家居环境；智能医疗领域通过大数据分析、图像识别等智能技术，辅助医生进行疾病诊断与治疗方案制定，提升医疗服务的质量与效率；智能客服则利用自然语言处理技术，实现与客户的智能交互，快速解答常见问题，有效提高客户服务的响应速度与服务水平。这些智能化应用场景正全方位地渗透到人们的生活方式与工作方式之中，带来了深刻的变革。

（十）创新和变革

在数字时代背景下企业财务成本控制与管理的研究范畴中，创新与变革构成了不容忽视的关键要素。数字时代可谓一个涌动着创新活力、充斥着变革力量的崭新时代。在这一时代浪潮中，新技术如雨后春笋般不断涌现，并且以前所未有的速度得以广泛应用。这些新技术宛如强大的引擎，持续有力地推动着经济、社会及文化等各个领域的深刻变革。从经济层面来看，新技术催生了诸多新兴产业，改变了传统的产业结构与经济增长模式；

于社会领域而言，它深刻影响着人们的生活方式、社交模式及就业结构；在文化范畴，新技术革新了文化的传播、创作与消费方式。在此过程中，众多传统行业和商业模式遭受了巨大冲击，面临着被颠覆与重塑的命运。

对于数字化时代的企业和个人而言，若要在这瞬息万变的环境中站稳脚跟并保持强劲的竞争力，就必须具备创新思维与卓越的适应能力。创新思维犹如企业和个人发展的指南针，能够指引他们在复杂的环境中敏锐捕捉新的机遇，开发出具有差异化的产品或服务。而适应能力则是他们在变革浪潮中乘风破浪的坚固舟楫，使其能够迅速调整自身战略、业务流程或技能结构，以契合不断变化的市场需求和技术趋势。

数字时代，凭借其独有的概念界定与显著特征，正以深远且广泛的影响力，全方位渗透至社会的各个层面。这一崭新时代的降临，不仅为人类社会带来了前所未有的便捷体验，更为各行业的发展提供了诸多契机。从企业运营模式的创新，到民众生活方式的变革，数字技术的赋能无处不在。然而，如同硬币的两面，数字时代在带来积极影响的同时，也衍生出一系列亟待解决的问题，如信息安全面临严峻威胁，个人隐私保护遭遇困境，以及数字鸿沟不断拉大等问题，正逐渐成为制约数字时代健康发展的瓶颈。面对如此复杂的局面，社会各界需积极主动地采取应对策略，以适应数字时代的快速发展。个人层面，应当不断提升自身的数字素养与综合能力，以便在数字浪潮中既能有效应对未来的挑战，又能敏锐捕捉发展机遇。同时，在宏观层面，强化数字伦理建设刻不容缓。通过构建完善的数字伦理体系，营造健康、有序的数字技术发展环境，确保数字技术在符合人类社会长远利益的轨道上稳步前行。

三、数字时代的未来趋势

（一）数据化的全球生态构建，迈向全面数据驱动的世界

在未来的数字时代，我们将见证一个前所未有的数据化全球生态的崛起。随着智能化硬件设备的普及与各类高精度传感器的广泛应用，数据的

产生速度、规模及复杂性均将达到前所未有的水平。这些数据不仅涵盖了企业运营的方方面面，还深入了消费者行为、市场动态乃至社会宏观经济的各个角落，形成了一个庞大而复杂的数据网络。

数据，作为这一时代的核心资源，其战略价值日益凸显。企业不再仅仅依赖于传统的财务报表和市场调研报告来做出决策，而是越来越多地依靠实时、准确、全面的数据分析来洞察市场动态、优化产品设计、调整营销策略以及精准控制成本。数据的这种核心地位，使得各类公司和组织纷纷加大了对数据资源的投入和争夺，数据竞争成为商业竞争的新战场。

然而，数据的广泛应用也带来了前所未有的挑战。数据隐私和信息安全问题日益突出，成为数字时代亟待解决的难题。随着数据泄露事件的频发，消费者对个人数据保护的意识日益增强，监管机构也对数据处理和使用的合规性提出了更高要求。因此，企业在追求数据驱动的同时，必须建立健全的数据安全管理体系，确保数据的合法、合规使用，以维护消费者信任和企业声誉。

（二）人机深度融合，构建智能化生态体系的新篇章

未来数字时代的发展，另一大显著趋势便是人机融合的深化。随着智能化设备的不断革新与物联网技术的广泛应用，人类与机器之间的界限正逐渐被打破，一个全新的、智能化的生态体系正在逐步形成。

在这个生态体系中，各种智能化设备如智能穿戴设备、智能家居系统、智能办公设备等，通过物联网技术实现了互联互通，与人们的日常生活和工作紧密相连。人们可以通过语音指令、手势识别等多种方式与机器进行交互，实现信息的即时传递和处理，极大地提高了工作效率和生活便利性。同时，人机融合也带来了人们工作和生活方式的深刻变革。在工作中，人们不再局限于传统的办公环境和工具，而是可以随时随地利用智能化设备进行远程协作、在线会议和任务管理，实现了工作方式的灵活多样。在生活中，智能化设备也为人们提供了更加便捷、舒适的生活体验，如智能家居系统可以根据人们的习惯和需求自动调节室内温度、照明和安防等，让

人们的生活更加智能化和个性化。此外，人机融合还促进了人与机器之间的相互学习和共同进步。机器通过不断学习和优化算法，可以更好地理解人类的需求和意图，为人类提供更加精准、高效的服务。同时，人类也可以通过与机器的交互，不断拓宽自己的认知边界和技能范围，实现个人能力的不断提升。

（三）数字化教育崛起，重塑学习生态与挑战并存

在未来的数字时代，教育领域将迎来一场前所未有的数字化变革。随着信息技术的飞速发展和互联网技术的普及，在线教育、智能化的学习方式及远程培训等形式将逐渐崛起，成为教育的主流模式，极大地拓展了人们的学习渠道和方式。

在线教育将打破地域和时间的限制，使得优质教育资源得以更广泛地传播和共享。无论身处何地，只要有网络连接，人们就能随时随地感受高质量的教育服务。智能化的学习方式则通过大数据、人工智能等技术，为每个学生提供个性化的学习路径和定制化的教学内容，使教育更加符合每个学生的需求和特点。远程培训则为职场人士提供了便捷、高效的学习途径，帮助他们不断提升自己的职业技能和竞争力。然而，数字化的教育也面临着比传统教育更大的挑战。如何保证教育的质量和实际效果，是数字化教育必须面对和解决的问题。一方面，数字化教育需要建立完善的教学质量和评估体系，确保教学内容的准确性和科学性，以及教学效果的可衡量性。另一方面，数字化教育还需要关注学生的学习体验和参与度，通过互动式教学、游戏化学习等方式，激发学生的学习兴趣和积极性，提高他们的学习效果和满意度。此外，数字化教育还需要解决数字鸿沟和技术依赖等问题。数字鸿沟可能导致部分学生无法享受到数字化教育带来的便利和优势，而技术依赖则可能影响学生的自主学习能力和思维能力。因此，数字化教育在推进过程中，需要充分考虑这些因素，采取相应的措施和策略，确保教育的公平性和可持续性。

第二节　企业财务管理概述

一、财务管理的概念

财务是指企业在再生产活动中客观存在的资金运动及其所体现的经济利益关系。企业的再生产进程，呈现出双重特性：一方面，它体现为使用价值的生产与交换历程；另一方面，又体现为价值的生成与实现过程。在这一过程中，商品价值借助货币得以精准计量，以货币形式呈现的商品价值及其运动轨迹，被定义为资金或资金运动。而企业所涉及的资金及其动态流转过程，便构成了企业财务的核心内容。企业财务以价值形态，全面且综合地反映着企业的生产经营活动全貌。

财务管理，亦被称作公司理财或公司金融，它是依据资金运动的固有规律，严格遵循国家的法律政策导向，针对企业生产经营活动中资金的筹集、运用以及分配等关键环节，展开系统的预测决策、规划计划、监督控制、精确核算及深入分析等一系列的管理工作。其核心目标在于提升资金的运用效能，实现资本的保值增值。从本质上讲，财务管理是借助价值形式，对企业经营活动实施的综合性管理。作为企业管理体系中的重要构成部分，财务管理主要通过价值形式，对企业的资本活动予以有效管理，并凭借价值形式这一关键纽带，将企业各项管理工作有机整合、协调一致，从财务视角为企业管理目标的顺利达成提供坚实保障。

二、财务管理的特征

财务管理作为企业管理的重要组成部分，既具有一般管理的共同性质，同时又具有不同于一般管理的特殊性。概括起来，有以下三个方面的特点。

（一）涉及范围具有广泛性与复杂性

财务管理，其核心在于对企业财务活动及由此产生的财务关系进行全面、系统的管理。这一管理过程，涵盖了企业资金运动的各个环节，从资金的筹集、运用到分配，无一不属于财务管理的范畴。具体而言，财务管理不仅与企业内部的各个部门紧密相连，如生产部门、销售部门、人力资源部门等，确保资金在各部门间的合理流动与高效利用；同时，它还跨越了企业的边界，与外部投资者、供应商、客户、其他企业，以及相关单位和个人保持着密切的财务联系。更为重要的是，财务管理还必须与国家财税部门保持高度的协调与一致，遵守国家税收法规，合理规划税务策略，以确保企业的合法合规经营。

这种广泛性与复杂性的涉及范围，要求财务管理者必须具备全局视野和战略眼光，能够准确把握企业内外部环境的动态变化，及时调整财务管理策略，以应对各种挑战和机遇。因此，加强财务管理，确保其在企业生产经营活动中的良性运行，对于提升企业的整体竞争力和可持续发展能力具有至关重要的意义。通过有效的财务管理，企业可以优化资源配置，提高资金使用效率，降低财务风险，从而为企业的稳健发展提供坚实的财务保障。

（二）信息反馈的及时性与敏感性

财务管理在企业中扮演着信息枢纽的角色，其信息反馈机制具有极高的及时性与敏感性。企业生产经营活动的每一个环节、每一个决策，都会通过财务指标这一"镜像"得以清晰映射。财务指标，作为企业经济活动的"晴雨表"，能够迅速、准确地反映出企业经营决策的正确性、商品质量的可靠性、生产技术的先进性及生产组织的合理性等诸多方面。财务指标如同一个个精密的传感器，实时捕捉企业运营过程中的各种信号。当企业经营决策得当，市场反响良好时，财务指标会呈现出积极的增长态势；反之，若决策失误，市场反馈不佳，财务指标则会迅速下滑，发出警报。同样，商品质量的优劣、生产技术的先进程度及生产组织的合理性，都会通过财务指标的变化得到及时体现。

这种及时且敏感的信息反馈机制，为企业决策部门提供了宝贵的第一手资料。决策者可以依据财务指标的变化，迅速发现企业运营中存在的问题和隐患，及时调整经营策略和管理措施。通过这一机制，企业能够确保其生产经营方针和政策的科学性、可行性，有效规避风险，把握机遇，实现持续稳健的发展。因此，财务管理在信息反馈方面的独特优势，使其成为企业管理体系中不可或缺的重要组成部分。

（三）综合程度高与全面性

在企业管理的庞大体系中，财务管理以其独特的综合性管理特质脱颖而出。相较于设备管理、物资管理、劳动管理等企业管理的其他组成部分，财务管理犹如一条贯穿企业经营活动始终的主线，其触角深入企业经营的每一个角落，从价值的角度全面统领和协调着生产经营的全过程及各个方面。财务管理不仅关注企业资金的筹集、运用和分配等核心财务活动，还通过财务指标和财务分析等手段，对企业生产经营活动的各个方面进行综合评价和监控。无论是生产计划的制定和执行，还是销售策略的谋划和实施，抑或人力资源的配置和优化，最终都要通过财务数据的综合反映来评估其效果和效益。

这种高度的综合性使得财务管理成为企业管理的"龙头"和核心。抓住财务管理这个"牛鼻子"，就能够牵一发而动全身，促进企业全面改善生产经营管理。通过加强财务管理，企业可以更加精准地掌握自身的财务状况和经营成果，及时发现和解决存在的问题，优化资源配置，提高资金使用效率，从而全面提升企业的经济效益和市场竞争力。因此，财务管理在企业管理中的地位和作用不容忽视，它是企业实现可持续发展和稳健经营的重要保障。

三、财务管理的内容

财务管理的内容是随着经济的需要而产生，随着经济的发展而发展。一般来说，企业财务管理的主要内容有筹资管理、投资管理、成本费用管理和收益及其分配管理等几个方面。

（一）筹资管理

筹资，乃是企业基于投资、用资及资本结构调整等多方面需求，开展资金筹措与集中的动态过程。在企业运营体系中，任何生产经营活动的启动与持续推进，皆需以一定规模的资金作为基础支撑。若无足量资金，企业的生产经营活动便如同无本之木，难以为继。企业通过多元渠道、采用多样形式进行资金筹集，这一环节不仅是企业资金运动的起始点，更是为后续资金循环流转奠定了坚实的前提条件与实体基础，在企业财务管理架构中占据着举足轻重的地位。筹资管理就是对筹资过程的管理，其内容主要涉及以下几个方面。

1.精准把控筹资规模与时机

筹资规模的确定是企业筹资管理的核心任务之一。具体而言，筹资规模指的是企业在一定时期内，为了满足投资需求、经营活动及债务偿还等需要，通过各种筹资方式所筹集到的资金总额。在确定筹资规模时，企业必须深入剖析筹资规模确定的法律基础与投资依据，确保筹资活动的合法性与合规性。这要求企业不仅要熟悉相关法律法规，还要对自身的投资需求有清晰的认识，从而制定出既符合法律要求又满足企业实际需求的筹资计划。这一计划的制定需综合考虑企业的战略目标、市场环境、财务状况等多方面因素，以确保筹资活动的顺利进行并达到预期效果。

与筹资规模紧密相关的是筹资时机的选择。筹资时机是指企业在特定市场环境和内部条件下，进行筹资活动所面临的最佳时机或有利环境。这一时机的选择对于筹资成本、筹资风险及筹资效率均有着至关重要的影响。企业在确定筹资时机、评价筹资环境时，应全面考虑客观的外在环境因素，如宏观经济形势、金融市场状况、政策导向等，以及企业自身因素，如财务状况、盈利能力、信用评级等。通过对外在环境与自身条件的综合分析，企业可以准确判断筹资的最佳时机，从而制定出更为科学合理的筹资策略，降低筹资成本，提高筹资效率，为企业的持续发展提供有力的资金保障。

2.优化资本配置结构

确定资本结构是筹资管理中的另一项关键任务，它涉及企业通过选择适宜的筹资渠道和筹资方式，来合理确定各种资金来源在总资金中所占的比重，以实现筹资成本与筹资风险的最优匹配。企业所需资金可以通过多种渠道和多种方式筹集，如股权融资、债务融资、混合融资等。然而，不同的筹资渠道和方式所承担的筹资成本与筹资风险存在显著差异。股权融资虽然可以降低企业的财务风险，但可能会稀释股东的权益，且股权融资的成本相对较高；债务融资可以为企业提供稳定的资金来源，但会增加企业的财务杠杆，提高财务风险；混合融资则是股权融资和债务融资的结合，旨在平衡两者的优缺点。

因此，企业在确定资本结构时，必须在筹资的成本与风险之间进行细致的权衡和选择。这要求企业充分考虑自身的财务状况、盈利能力、发展前景及市场环境等多方面因素，通过综合分析各种筹资渠道和方式的成本、风险、灵活性等特点，制定出最符合企业实际情况的资本结构方案。优化资本结构不仅可以降低企业的筹资成本，还可以有效控制筹资风险，提高企业的财务稳定性和抗风险能力。同时，合理的资本结构还有助于提升企业的信用评级，增强企业的融资能力，为企业的长期发展奠定坚实的财务基础。

（二）投资管理

投资是指企业将资金投放于特定对象，旨在通过合理配置资源，以期在未来获取相应收益的经济行为。在企业运营实践中，投资活动主要涵盖两大维度：其一为固定资产投资，这涉及企业对厂房、设备等长期资产的购置与投入，是企业维持生产经营、扩大规模及提升竞争力的重要物质基础；其二为金融资产投资，即企业对股票、债券、基金等金融工具的投资，通过参与金融市场交易，实现资产的增值与风险分散。而投资管理，则是针对上述投资行为所实施的一系列管理活动，包括投资决策、投资规划、投资监控与评估等，以确保企业投资活动的科学性、合理性与有效性，实现企业价值最大化的目标。

1.实现投资收益最大化

在数字时代背景下，企业财务管理中的投资管理显得尤为重要，其核心目标在于实现投资收益的最大化。这一目标不仅关乎企业的资金运用效率，更是企业持续发展和价值创造的关键所在。

投资收益最大化，首先要求企业在选择投资方案时，必须严格以投资收益的大小作为取舍的标准。企业应从众多可行的投资方案中，通过科学的评估和比较，挑选出预期收益最高的方案。这一选择过程需要充分考虑资金的时间价值、风险报酬及项目的现金流等因素，以确保所选方案在经济效益上达到最优。

其次，投资收益最大化还要求投资者在选择投资方案时，应倾向于那些投资收益具有确定性的方案。在充满不确定性的市场环境中，确定性较高的投资方案能够为企业提供更为稳定的收益预期，从而降低投资风险。因此，企业在进行投资决策时，应充分评估各方案的风险收益特征，优先选择那些风险可控、收益稳定的投资项目。

最后，实现投资收益最大化还需要企业深入分析影响投资收益的各种因素。这些因素可能包括宏观经济环境、行业发展趋势、市场竞争格局，以及企业内部的管理水平等。企业应通过对这些因素的深入研究，明确它们对投资方案的作用方向、影响程度及可能的变动趋势，从而寻求提高和稳定投资收益的有效途径。

2.降低投资风险

在数字时代背景下，企业财务管理中的投资管理不仅追求投资收益的最大化，还必须高度重视投资风险的降低。投资风险，作为投资收益不确定性的直接体现，是企业投资决策过程中必须充分考虑的关键因素。

企业在争取投资收益最大化的同时，必须充分认识到投资风险的存在，并努力实现投资收益与投资风险的平衡。企业不能在盲目追求高收益的过程中忽视潜在的风险，而应在确保风险可控的前提下，寻求收益与风险的平衡点。

为了有效降低投资风险，企业必须充分、合理地预测投资风险。这要求企业具备敏锐的市场洞察力和风险识别能力，能够及时发现并评估投资过程中可能面临的各种风险。通过深入的市场调研、专业的风险分析以及科学的预测方法，企业可以更为准确地把握投资风险的性质、规模和可能的影响程度，从而为风险应对提供有力的依据。此外，企业还应提出合理的规避投资风险的策略。这些策略应基于对企业自身实力、市场环境及投资项目的全面了解，旨在通过有效的风险控制措施，将实施投资的风险降至最低。例如，企业可以通过多元化投资、风险分散、风险转移等方式来降低单一投资项目或投资组合的风险；同时，还可以建立完善的风险管理体系和内部控制机制，确保投资决策的科学性和合规性，从而进一步提高投资的安全性和稳健性。

（三）成本费用管理

成本费用是企业经营管理的一个重要的综合性指标。数字时代背景下，企业若仅将核心精力聚焦于筹资与投资领域，显然不足以应对复杂多变的市场环境。企业需凭借具备价格优势且品质优良的产品，方能在激烈的市场竞争中占据一席之地，进而提升自身的竞争实力。而产品价格的下调，实则是以产品成本的有效降低作为坚实基础。因此，精于经营之道的企业家，往往对降低产品成本予以高度关注。企业财务管理在成本费用管理中的内容主要包括以下几个方面。

1.成本费用预测

成本费用预测，作为成本费用管理的首要环节，是在成本费用实际发生之前，依据企业的历史生产经营数据、市场环境变化及未来发展战略，选用科学合理的预测方法，对成本费用指标进行全面、系统的测算。这一过程不仅要求企业具备完善的数据收集与分析体系，还需要运用先进的统计学原理、经济学模型及数据挖掘技术等，以确保预测结果的准确性和可靠性。成本费用预测的核心价值在于，它能够为企业管理层挖掘成本费用的潜在节约空间提供明确的方向，是制定成本决策、规划成本战略及拟定具体降低成本措施的重要参考依据。通过精准的成本费用预测，企业可以更加主动地应对市场变化，优化资源配置，从而提高整体运营效率。

2.成本费用控制

成本费用控制，则是将预测结果转化为实际行动的关键步骤。它要求企业根据预先制定的成本费用计划，对生产经营过程中发生的各项开支进行严格的控制与监督。这包括原材料采购、生产制造、物流配送、市场营销等各个环节的成本支出。成本费用控制的目标是确保生产耗费被有效地限制在预定的范围内，避免浪费和超支。为了实现这一目标，企业需要建立健全的成本控制体系，明确各部门的成本控制责任，采用先进的成本控制方法和技术手段，如作业成本法、目标成本法等，对成本进行实时跟踪和动态调整。同时，企业还应加强内部管理，提高员工的成本意识，形成全员参与成本控制的良好氛围。

3.成本费用分析

成本费用分析，作为成本费用管理的收尾环节，也是对前期预测和控制效果进行检验和评估的重要环节。它要求企业采用一定的分析方法，如比较分析法、比率分析法、因素分析法等，对成本费用计划的完成情况进行深入细致的分析。通过成本费用分析，企业可以清晰地了解成本费用升降的具体原因，揭示成本变动的内在规律和趋势，为下期的成本费用预测及编制计划提供翔实、准确的信息资料。此外，成本费用分析还可以帮助企业发现成本管理中存在的问题和不足，为改进成本管理策略、优化成本结构提供有力的决策支持。因此，成本费用分析不仅是企业成本管理的重要环节，也是推动企业持续改进、提升竞争力的重要手段。

（四）收益及其分配管理

在数字时代背景下，企业财务管理体系中的收益及其分配管理占据着举足轻重的地位。此部分涵盖了营业收入管理与利润管理两大核心板块，二者相互关联、相互影响，共同对企业的财务状况和经营成果产生作用。

首先，营业收入管理是企业收益管理的重要基石。它主要聚焦于销售方式的优化抉择以及销售收入的有效获取等关键领域。在销售方式层面，企业需结合数字时代的特征，综合考量线上线下融合销售、网络直销、平台合作销售等多种模式，以契合市场需求与消费者行为的变化趋势。而在销售收入的取得方面，不仅要关注销售规模的增长，更要注重收入质量的提升，确保款项的及时回笼与风险可控。具体而言，营业收入管理涵盖了产品销售收入管理与其他业务收入管理。产品销售收入管理要求企业深入剖析产品的市场定位、竞争态势以及客户需求，精准制定定价策略，同时强化销售渠道的拓展与维护，以实现产品销售的最大化。其他业务收入管理则侧重于对企业主营业务之外的其他经营活动所产生收入的有效把控，例如资产出租、技术转让等业务收入的管理，挖掘企业潜在的盈利增长点。

其次，利润管理是企业财务管理的核心环节之一。它主要涉及目标利润规划、股利政策制定以及利润分配管理这三个关键方面。目标利润规划是企业基于对市场环境、自身经营能力以及发展战略的综合评估，预先设定的在一定时期内期望达成的利润目标。这一目标不仅为企业的经营活动提供了明确的方向指引，还对资源配置、生产运营等环节具有重要的统筹协调作用。股利政策制定关乎企业如何向股东分配利润，在数字时代，企业需综合考虑股东利益、自身发展需求以及市场预期等多方面因素，权衡不同股利政策（如固定股利政策、固定股利支付率政策、剩余股利政策等）的利弊，以制定出最适宜的股利分配方案，从而稳定股东信心，提升企业的市场形象。利润分配管理则进一步细化利润分配的具体流程与比例安排，确保企业在满足自身发展资金需求的同时，合理回报股东，实现企业与股东利益的平衡。

四、财务管理的目标

财务管理目标决定企业财务管理的基本方向，是企业进行财务活动所要达到的根本目的。目前，最具有代表性的财务管理目标有以下几种。

（一）利润最大化

利润最大化是指企业管理者追求绝对的利润，简言之，是将企业所有的资源放在现在最赚钱的地方，追求利润金额绝对值最大。在市场经济的广阔舞台上，企业作为市场主体，对市场动态和利润状况保持着高度的敏感性，同时，职工的经济利益与企业利润紧密相连，这种利益捆绑机制使得利润自然而然地成了企业财务管理的核心目标。

利润最大化作为企业财务管理目标的合理性，主要基于以下几点考量：其一，企业作为以盈利为终极追求的经济实体，将利润最大化作为理财目标，无疑是与企业的经济本质相契合的。其二，在自由竞争的资本市场环境中，资本如同流水，最终将汇聚于那些能够创造最多利润的企业，这是市场法则的必然体现。其三，利润是企业新创造物质财富的直观反映，只有当每个企业都致力于实现利润最大化时，才能推动整个社会财富的不断累积，进而促进社会的整体进步与发展。其四，利润最大化的实现过程，往往伴随着企业竞争能力和效率的提升，静态下边际成本与边际收益的相等，正是企业竞争力增强的显著标志。

然而，利润最大化目标并非完美无缺，其存在的种种弊端不容忽视。首先，利润最大化以静态状况下的边际收益等于边际成本为前提，这可能导致企业过于追求短期利润，甚至不惜通过"报表粉饰"等手段来美化业绩，从而损害企业的长远价值。其次，利润最大化的目标导向与现代企业战略管理的理念相悖。现代企业战略管理强调对企业的长远规划和全局把控，旨在确保企业的持续健康发展。在此背景下，一些对于短期利润最大化而言不必要的成本支出，如人才培训成本、研究开发成本、市场营销成本等，却是企业长远发展的必要投入。再者，短期利润最大化并不能作为衡量企业竞争能力的唯一标准。此外，利润最大化目标未能反映创造利润与投入资本之间的内在关系，这使得其在评价企业财务绩效时显得片面。最后，从财务估价的角度来看，利润最大化忽略了货币的时间价值及风险因素，这可能导致企业在理财决策时缺乏科学性，甚至因盲目追求高额利润而忽视潜在风险，从而给企业带来不可预知的损失。加之利润最大化目标易受会计政策选择等人为因素的影响，使得其作为企业财务管理根本目标的合理性受到质疑。

（二）股东财富最大化

在数字时代的企业财务管理研究范畴内，将股东财富最大化设定为财务管理目标，成为近年来备受关注的一种理论主张。在股份制经济环境中，股东财富的衡量维度主要涵盖两个方面：其一为股东所持有的股票数量，其二是股票的市场价格。当股票数量处于既定状态时，股票价格攀升至峰值之际，也就意味着股东财富实现了最大化。由此，股东财富最大化在实际经济运行情境下，往往具体表现为股票价格最大化。

然而，深入剖析以股东财富最大化作为财务管理目标这一理念，其存在若干局限性：首先，该目标导向通常仅适用于上市公司，对于非上市公司而言，由于缺乏公开的股票市场定价机制，难以有效应用这一目标体系；其次，股票价格的波动受到诸多复杂因素的综合影响，如宏观经济形势、行业竞争格局、资本市场情绪等，故而股价无法精准无误地映射企业财务管理的实际状况；最后，此目标导向过度侧重股东利益的维护与提升，在一定程度上忽视了其他利益相关者，如债权人、员工、供应商等的合理诉求，未能充分考量企业运营过程中多元主体间的利益平衡关系。

（三）企业价值最大化

在数字时代背景下，企业价值的内涵有着清晰界定，它并非指企业账面价值的简单加总，而是企业在市场中能够实现的价值，具体表现为企业资产未来预期现金流的现值。这一现值的计算以资金的时间价值为基石，通过对未来现金流量进行折现而得出。企业价值最大化这一目标，要求企业制定并实施最优的财务政策，全面权衡资金的时间价值、风险与报酬之间的内在联系，在确保企业长期稳健发展的前提下，兼顾各方利益关系，以此促使企业总价值达到最大化。

以企业价值最大化作为财务管理目标，具有一系列显著优点：其一，充分考量了资金的时间价值，认识到不同时间点的等额资金具有不同价值，从而使财务决策更具科学性与合理性；其二，兼顾了风险与报酬的关系，强调企业在追求收益的同时，需对风险进行有效评估与管理，避免盲目追求高收益而忽视潜在风险；其三，有效克服了企业在追求利润过程中的短期行为。企业价值不仅受过去和当前利润的影响，预期未来现金性利润的规模与稳定性对企业价值的影响更为关键，促使企业着眼于长远发展；其四，以价值替代价格，减少了外界市场因素对企业财务决策的过度干扰，能够有效规避企业因短期市场波动而做出的短视行为。

然而，该目标也存在一定局限性：一方面，其理论性较强，在实际操作层面存在一定难度。企业在具体实践中，难以精准把握和运用这一目标所涉及的复杂理论与模型；另一方面，对于非上市公司而言，确定企业价值颇具挑战。只有借助专门的评估手段，才能对企业价值进行估算。但在评估过程中，由于评估标准与评估方式存在差异，且易受多种主观与客观因素影响，很难实现对企业价值的客观、准确评估。

（四）相关者利益最大化

在市场经济的复杂生态下，企业的理财主体呈现出更为精细与多元的格局。股东作为企业所有权的持有者，无疑在企业运营中承载着最为关键的权利、义务、风险与报酬。然而，不容忽视的是，债权人、员工、企业经营者、客户、供应商及政府等主体，同样在企业的发展进程中承担着相应的风险。基于此，在确立企业财务管理目标时，必须全面考量这些相关利益群体的诉求，不可偏废。

在对相关者利益进行衡量时，不同主体有着各自适用的评价指标。对于股东而言，股票市价是衡量其利益的重要指标，股票价格的波动直观反映了股东财富的增减。债权人则以风险最小化与利息最大化作为利益衡量标准，确保自身资金的安全性与收益性。工人着重关注工资福利的保障，这是其基本权益的核心体现。而政府在参与企业经济活动时，更多地从社会效益层面进行考量，期望企业的发展能为社会整体福祉带来积极影响。相关者利益最大化目标的具体内容如图 1-1 所示。

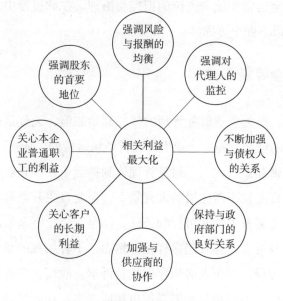

图 1-1　相关利益最大化目标图

以相关者利益最大化为导向的财务管理目标，具有显著的优势。它促使企业在进行投资研究时，从企业整体视角出发，避免了单纯站在股东立场进行投资决策可能引发的一系列问题，为企业的长期稳定发展奠定了坚实基础。通过兼顾企业、股东、政府、客户等多方面的利益，如同将企业财富这一"蛋糕"做大的同时，合理分配，确保每个利益主体都能获得尽可能多的份额，有力地推动了企业经济效益与社会效益的统一。

故而，相关者利益最大化被视为企业财务管理最为理想的目标。然而，该目标在实践中面临着一个重要挑战，即其不易简单量化。实现相关者利益最大化，并非单一部门能够独立完成，而是需要企业内部人事、销售、工会等各个部门紧密协作、相互配合，形成合力，方能达成利益最大化的目标。

五、财务管理的职能

财务管理职能，作为财务管理工作本质所赋予的内在职责与功能，具有深刻的专业性与系统性。在数字时代背景下，企业财务管理依托价值形式，对企业资金运动实施全方位的把控与治理。在此过程中，财务管理职能集中体现为以下四个方面。

（一）资金筹集

资金筹集，作为企业财务管理的核心起始职能，无疑是企业财务活动的基石。充足的资金，宛如企业生产经营顺畅运转的"血液"，构成了企业资金运动的逻辑起点。在当下财务管理体制持续革新、企业经营机制深度转换以及企业自主权不断拓展的大背景下，企业自主开展筹资活动不仅具备了必要性，更拥有了切实可行的条件。如今，企业资金来源已呈现出多元化的格局，筹资方式亦日趋多样化。然而，不容忽视的是，资金提供者基于自身利益考量，对企业必然存在权益诉求。故而，企业为实现资金的筹集与有效运用，不可避免地需要付出相应成本。在此情形下，如何科学合理地组织资金来源，以实现成本代价的最小化，同时确保资金能够及时、足额供应，有力保障企业生产经营活动的平稳推进，已然成为企业财务管理部门肩负的首要重任。

为切实履行资金筹集这一重要职能，企业财务部门需全面考量诸多关键因素，如企业的经营目标、经营规模及供、产、销等具体业务情况，并紧密结合节约使用资金的基本原则，精准测算企业生产经营各阶段、各环节所需资金的具体数额及供应时间节点。在此基础上，灵活运用各类筹资渠道与方式，有条不紊地开展资金筹措工作，力求在降低筹资成本的同时，有效管控筹资风险。特别是针对企业各部门、各环节所涉及的资金需求，尤其是规模较大的投资项目，财务部门应深度参与其中，从资金需求预测、投资决策制定，到资金需要量及支出计划的编制与审批，全程发挥积极作用，从而为科学编制资金筹集计划提供坚实支撑。

（二）资金运用

资金筹集的终极目标指向资金运用，而资金运用效果的优劣，无疑是衡量企业财务管理成效的关键指标，其在企业财务管理职能体系中占据核心地位。资金运用涵盖资金占用与资金耗费两个关键维度。财务管理在履行资金运用职能时，核心任务在于推动企业合理且高效地使用资金，通过全方位、多举措的方式，竭力减少各类资金占用，并最大程度降低各项资金耗费。例如，精准把控材料库存水平，规避材料超储积压现象；强化成本管控，降低各类成本与费用支出等。以此为基础，力求以相对较少的资金占用与资金耗费，获取更为可观的经营成果，实现经济效益的最大化。

为达成这一目标，财务部门不仅需精心做好资金的规划与调配工作，还需对企业资金的占用与耗费实施全面、细致的控制与监督。具体而言，在供应环节，对物资储备资金进行严格控制，引导采购部门科学合理地运用资金，确保物资采购既满足生产需求，又不造成资金闲置与浪费；在生产环节，严格把控各项生产耗费，通过制定成本标准、加强成本核算与分析等手段，推动生产成本的有效降低；在销售环节，密切关注产成品存货资金，依据市场需求合理安排生产与销售，确保产销衔接顺畅，加速资金回笼。

在企业生产经营过程中，生产经营规模的扩张与发展对资金的需求，与资金实际供应的可能性之间，往往存在一定程度的矛盾。资金短缺的状况相较于资金充裕更为常见。无论面临资金短缺还是资金相对宽裕的情形，财务部门均需秉持科学规划、统筹兼顾的原则，对有限的资金进行合理调度与分配，将资金精准投放至企业经营最急需的领域与环节，充分挖掘资金的潜在价值，切实提高资金的利用效率与效果。

（三）资金分配

此环节所涉及的资金分配职能，主要聚焦于对企业通过营业收入回收的资金和所获利润进行合理配置。企业经由销售产品或提供劳务获取的营业收入，首要任务是对预先垫支的生产耗费予以补偿，以此确保企业再生产活动能够不间断且顺利地开展。扣除这部分补偿后的剩余金额，即为企业的纯收入。这部分纯收入需要在国家、企业自身及投资人之间进行合理分配。纯收入的分配工作，不仅要确保国家利益得以实现，保障国家财政收入，为国家宏观经济建设提供支持；同时，要保证企业留存一定的资金积累，以满足企业扩大生产规模、提升技术水平、增强市场竞争力等发展需求；此外，还需切实保障投资人的合法权益，给予投资人合理的投资回报，维护资本市场的健康稳定。鉴于该过程涉及多方面利益关系，且具有较强的政策性与策略性，因此，资金分配成为企业财务管理不可或缺的重要职能。

财务部门在履行资金分配职能时，务必遵循以下原则。

其一，严格遵循国家规定执行。无论是在分配顺序的确定、分配时间的选择，还是分配比例的设定及相关财务处理等各个方面，都必须严格落实国家颁布的有关政策与法规，确保资金分配活动在合法合规的框架内进行。

其二，妥善处理国家、集体（企业）与个人三者之间的经济利益关系。在进行资金分配时，须具备全局视野和长远眼光，充分考虑各方利益的平衡与协调。既要维护国家利益，使其能够有效履行公共管理和服务职能；又要注重企业自身的可持续发展，为企业的长远繁荣奠定基础；同时，也要兼顾个人利益，保障员工及投资人的合理收益，激发各方的积极性与创造力。

其三，切实避免耗费补偿的虚假性。必须依据生产耗费的实际情况，足额补足生产过程中所产生的各项耗费。任何通过虚增或虚减成本费用来实现虚假补偿的行为，都将引发严重后果。虚增成本费用会导致企业利润虚减，不仅可能使企业简单再生产难以顺利进行，削弱企业的发展后劲；虚减成本费用则会造成利润虚增，进而可能导致利润分配过度，使企业面临资金短缺、财务风险上升等问题。因此，此类行为均不可取，务必坚决杜绝。

（四）资金监督

资金监督职能是指财务管理借助价值形式，对企业生产经营全过程实施财务监督的功能，这一职能涵盖了对企业资金及其运动过程进行控制与调节的重要作用。财务监督主要通过把控财务收支情况，及时察觉并纠正企业经济活动中存在的不合法、不合理行为，促使企业财务行为规范化，确保党和国家的方针政策、法律法规、财经制度以及纪律得以有效贯彻执行。同时，通过对企业资产、负债、成本、利润等关键财务指标进行核算、分析与检查，精准识别企业生产经营过程中的积极因素与消极因素，为企业改进生产经营活动提供有力依据，充分发挥财务管理对生产经营的积极能动作用，进而推动企业经营管理的优化升级，实现经济效益的稳步提升。

在履行财务监督职能的过程中，企业财务人员肩负着为企业理财与代表国家监督企业经济活动的双重职责。这一双重关系在某些情况下呈现出一致性，但在另一些情况下可能产生矛盾。因此，企业财务人员需要妥善处理好这两者之间的关系，既要致力于为企业科学理财，提高企业的财务管理水平和经济效益，又要严格执行国家的政策法令，切实维护国家利益，充分发挥为国家创造财富、积聚财富及管理好财富的重要作用。

上述财务管理四个方面的职能并非孤立存在，而是相互关联、相辅相成且相互制衡的。具体而言，企业唯有在成功筹集到充足资金的基础上，才具备合理、有效运用资金的条件；只有在合理、有效运用资金的前提下，才能够谈及资金的合理分配；而无论是资金的筹集、运用还是分配，都必须置于财务监督的严格管控之下，并且只有在财务监督的保障下，这些活动才能顺利实现预期目标。财务管理职能与财务管理任务紧密相连，不可分割。财务管理职能是财务管理工作与生俱来的固有功能，而财务管理任务则是财务管理工作预期达成的主要目标，是人们赋予财务管理工作的使命与要求。二者呈现出辩证统一的关系：财务管理职能的客观存在为完成财务管理任务提供了可能性，而财务管理任务的顺利完成则意味着财务管理职能的有效实现。

六、财务管理的原则

财务管理原则，乃是组织财务活动、处理财务关系过程中所必须恪守的准则。伴随市场经济的持续发展，企业置身于愈发广泛的资金运动和错综复杂的财务关系环境之中。为实现财务工作的合理组织与妥善处理，明确并遵循财务管理原则显得尤为关键。

《企业财务通则》对企业财务管理的基本原则做出明确规定："建立健全企业内部财务管理制度，做好财务管理基础工作，如实反映企业财务状况，依法计算和缴纳国家税收，保证投资者权益不受侵犯。"企业在严格贯彻执行这些基本原则的同时，还应当注重落实以下具体原则。

（一）预见性原则

预见性原则，顾名思义，强调在企业财务管理工作中必须高度重视财务预测，切实增强对企业财务状况及未来发展趋势的预见性。这一原则要求企业财务管理人员不仅要关注当前的财务状况，更要具备前瞻性的思维，对未来一段时期内的财务活动、财务收支以及财务成果等关键指标的发展趋势进行准确、全面的估计与测算。预见性原则要求企业建立健全的财务预测体系，运用先进的财务预测方法和技术手段，如时间序列分析、回归分析、神经网络模型等，对市场需求、成本变动、资金流向等关键要素进行深入剖析和预测。通过这些工作，企业可以更加清晰地把握未来财务状况的发展趋势，为管理层提供及时、准确的财务信息支持。

预见性原则的重要性在于，它为企业生产经营决策提供了重要的依据。

在市场经济环境复杂多变的今天，企业面临着诸多不确定性和风险，如市场需求波动、原材料价格上涨、政策与法规变化等。这些外部因素的变化直接影响着企业的生产经营活动和财务状况。因此，加强财务预见性，避免盲目决策，对于提高企业经营决策的正确性和有效性具有至关重要的意义。通过遵循预见性原则，企业可以在激烈的市场竞争中保持敏锐的洞察力，及时发现并抓住市场机遇，同时有效规避潜在的风险和挑战。这有助于企业优化资源配置，提高资金使用效率，确保企业稳健发展。此外，预见性原则还有助于企业优选最佳生产经营方案，实现经济效益的最大化。

（二）资金结构优化原则

资金结构优化，意味着构建合理的资金结构，以推动企业经济效益的提升。资金结构涵盖资金来源结构，即企业在筹集资金过程中，自有资金与借入资金所形成的比例关系；同时，也包含资金运用结构，也就是企业在运用资金时，长期资金与短期资金的比例关系。因此，资金结构优化准则要求企业在开展财务筹资活动时，务必妥善规划自有资金与借入资金的比例；在进行资金运用时，必须科学配置长期资金与短期资金，以此确保企业资金结构的合理性与优化性，进而为企业创造最优经济效益。

负债经营这一策略，能够有效缓解企业自有资金的紧张局面。当投资报酬率高于借款利息率时，企业还可借助负债经营提升自有资金利润率。并且，依据我国现行财务制度，借款利息可在所得税前列入财务费用，这对企业留存利润的影响相对较小。故而，负债经营成为企业常用的经营手段，通常情况下对企业具有积极意义。然而，倘若负债规模过大，企业将面临较高的财务风险，承受沉重的利息负担，进而削弱自身的市场竞争能力，甚至可能因丧失偿债能力而陷入破产倒闭的困境。所以，企业既要充分发挥负债经营的积极作用，又要有效规避和降低财务风险。具体而言，企业在进行资金筹集时，首先需精准选择筹资渠道与方式，合理规划自有资金与借入资金的筹集规模。借债数额应保持适度，确保有一定比例的自有资金作为支撑。同时，借入资金的使用应具备良好的经济效益，其投资收益率一般不应低于利息等资金成本率。

企业运用资金后，必然会形成长期资金与短期资金。长期资金是指使用期限超过一年的资产，或无法全部计入当年损益，需在后续年度分期摊销的费用，涵盖固定资产、无形资产、递延资产等长期资产所占用的资金。短期资金则是指能够在一年以内，或者超过一年的一个营业周期内周转运用的资金，包括货币资金、存货占用资金、各类应收及预付款项等。一般而言，长期资金决定着企业生产经营的规模与条件，短期资金则保障企业日常支付及生产经营活动的顺畅开展。只有当二者配置合理、协调一致时，才能充分发挥出最大效能。否则，必将导致一方资金闲置浪费，而另一方资金供不应求，不仅影响企业生产经营活动的顺利推进，还会降低资金的利用效率。因此，企业在资金运用过程中，必须注重长期资金与短期资金的合理配置，维持资金结构的优化状态。

（三）资金效益最大原则

资金效益最大原则是企业在其财务活动中必须遵循的一项基本准则，它强调企业在资金使用过程中必须高度重视效益问题，充分挖掘资金使用的潜力，提高资金利用效果，以促使企业资金不断增值。这一原则的核心在于，讲究经济效益是一切经济工作的核心，也是企业生产经营的最大目标。而企业经济效益的货币表现，正是企业的资金效益。因此，资金效益最大原则实质上就是讲究经济效益的原则，是所有经济工作都应当遵循的基本原则。

贯彻资金效益最大化原则，要求企业特别是财务管理部门，必须树立资金效益观念。企业不仅要关注资金的获取，更要关注资金的使用和管理，要讲究生财、聚财、用财之道。在具体实践中，企业应根据生产经营的合理需要来组织资金供应，确保资金能够精准地投入最需要的环节，把有限的资金用在刀刃上，避免资金的浪费和闲置。同时，加强资金的管理与控制也是贯彻资金效益最大化原则的重要一环。企业应建立健全的资金管理制度，对资金的流入、流出进行严格的监控和管理，确保资金的安全和有效使用。此外，企业还应做到有计划地、节约地使用资金，争取以较少的钱办较多的事，提高资金的使用效率。

为了实现资金的最大效益，企业还需要合理运用资金，加速资金周转。企业要通过优化资金结构、提高资金使用效率等方式，使资金能够在企业内部快速流转，从而创造出更多的经济效益。同时，企业还应积极寻求外部融资机会，拓宽融资渠道，降低融资成本，为企业的资金运作提供更多的支持和保障。

（四）利益关系协调原则

利益关系协调准则，强调企业在财务管理活动，尤其是收入与利润分配环节，需全面兼顾并妥善协调各方利益关系。其实质在于恰当处理企业与各相关方的财务关联，营造良好的理财环境。

企业的经济运营活动势必催生诸多利益关系，如债权人与债务人、投资者与经营者，以及国家、集体与个人之间的利益关联。在处理这些关系时，个人利益与集体利益、局部利益与全局利益、眼前利益与长远利益等矛盾时有发生。面对此类情况，企业财务管理部门务必始终秉持利益关系协调准则，充分兼顾并有效协调各方利益。其一，企业财务管理部门应深入学习并精准把握国家财经政策及规章制度，严格执行相关法令与制度，切实保障国家利益不受侵害。其二，在确保企业留存一定积累，以支撑企业持续生存与发展的同时，要合理提高企业职工的收入与福利待遇，借此充分调动职工的劳动积极性与创造性。其三，必须切实保障投资者与债权人的合法权益，避免其利益遭受损害。总之，在企业开展财务活动以及处理财务关系的过程中，必须妥善化解可能出现的各类利益矛盾，协调好各方关系。

第三节　数字技术对财务管理的影响分析

随着信息技术的日新月异，数字技术如同一股不可阻挡的洪流，正以前所未有的速度推动着全球各行各业的深刻变革。在这一宏大的数字化浪潮中，企业财务管理作为企业经营管理的核心环节，亦未能幸免于这股变革之力，而是迎来了前所未有的转型契机与挑战。本文旨在从多维度、深层次地探讨数字技术对企业财务管理领域所产生的深远影响，以期为企业财务管理者提供理论参考与实践指导。

一、数字技术赋能数据处理与分析效率的提升

数字技术的蓬勃发展，特别是大数据与人工智能技术的广泛应用，为企业财务部门的数据处理及分析工作带来了革命性的改变。在传统模式下，财务数据处理工作往往烦琐且耗时，依赖大量人工操作，不仅效率低下，还容易出现人为误差。而如今，大数据技术凭借其强大的数据收集与整合能力，以及人工智能技术所具备的智能算法与深度学习功能，为财务工作带来了质的飞跃。

借助自动化报表编制功能，财务人员只需设定好相关参数与逻辑，系统便能依据预设规则，自动从各类数据源中提取数据，并快速生成格式规范、内容准确的财务报表。这一过程不仅大大缩短了报表编制的时间周期，还极大地提高了报表的准确性，使得财务人员能够将更多精力投入对数据的深入分析和财务决策支持等工作中。

实时数据分析功能更是让财务部门能够及时掌握企业的财务状况与运营动态。通过对海量数据的实时监测与分析，财务人员可以迅速捕捉到市场变化、业务波动等关键信息，为企业管理层提供及时且精准的决策依据。例如，在信贷风险评估方面，大数据技术能够收集并整合来自企业内部财务系统、外部征信机构、行业数据平台等多渠道的数据，运用复杂的算法模型对企业的信用状况进行全面评估，从而更准确地识别潜在的信贷风险。同样，在市场风险预测领域，大数据技术可以对宏观经济数据、行业竞争态势、市场价格波动等海量信息进行分析挖掘，为企业提前预警可能面临的市场风险，助力企业制定有效的风险应对策略。

不仅如此，人工智能技术在企业财务管理中的应用也愈发深入。以风险预警系统为例，人工智能算法能够实时监测企业各项财务指标的变化情

况，通过对历史数据的学习与分析，建立起精准的风险预测模型。一旦某项财务指标出现异常波动，系统将立即发出预警信号，提醒财务人员及管理层关注潜在风险，并提供相应的风险分析与应对建议。这种实时、智能的风险预警机制，使得企业能够在风险萌芽阶段及时采取措施加以防范，有效提升了财务决策的及时性与准确性，为企业的稳健发展保驾护航。

二、借数字化之力优化财务流程与控本增效

在数字时代的浪潮下，数字化技术凭借其诸多创新性功能，为企业财务流程的优化带来了显著变革，并有力地推动了成本的降低。电子发票的广泛应用，以数字化形式取代了传统纸质发票，不仅实现了发票开具、传输、存储的全程电子化，还极大地提升了发票管理的便捷性与准确性。同时，无纸化办公模式的推行，使得财务工作中的各类文件、资料以电子文档形式进行流转与存储，彻底摒弃了传统的纸质文件处理方式，这不仅减少了纸张的消耗，还大幅提高了文件查找、共享与审批的效率。

自动化付款与对账功能更是数字化技术在财务领域的重要应用成果。通过预先设定的付款规则与对账逻辑，系统能够自动完成付款指令的生成与执行，以及与供应商、客户之间的账目核对工作。这一过程不仅极大地减少了人工操作环节，有效避免了因人为疏忽导致的错误，还显著提高了付款与对账的效率，使财务人员能够将更多精力投入更具价值的财务管理工作中。

这些数字化手段的应用，在优化财务流程的同时，也为企业带来了实实在在的成本降低。人力成本方面，自动化流程的实施使得企业对部分重复性、低附加值的财务岗位需求减少，从而降低了人员雇佣与培训成本。纸质材料购置成本也随着无纸化办公的推进大幅下降，包括纸张、打印机墨盒、文件装订材料等相关费用都得到了有效控制。更为重要的是，数字化技术确保了数据的准确性与及时性，减少了因数据错误或延误导致的潜在损失。

此外，云计算技术的融入为企业财务管理成本控制开辟了新的路径。

企业可以依据自身业务需求，灵活地对 IT 资源进行扩展或缩减。在业务旺季，企业能够便捷地增加云计算资源，以满足大量数据处理与业务运算的需求；而在业务淡季，则可相应减少资源使用量，避免资源闲置造成的浪费。这种按需使用的资源配置模式，有效降低了企业在 IT 基础设施建设与维护方面的投入。

三、依托数字技术强化财务数据安全与可靠

在数字技术深度融入企业财务管理，大幅提升财务工作效率的进程中，其在保障财务数据安全性与可靠性方面亦发挥着至关重要的作用。随着信息技术的迅猛发展，企业财务数据面临的安全威胁日益复杂多样，而数字技术提供了一系列行之有效的应对策略。

数据加密作为数字技术保障数据安全的重要手段，通过特定算法对财务数据进行编码转换，使得未经授权的访问者即便获取数据，也无法解读其真实内容。这种加密机制从数据源头构筑起一道坚实的安全防线，有效防止了数据在传输与存储过程中被窃取或篡改的风险。

云存储与备份技术则为财务数据的安全存储提供了可靠保障。借助云存储平台，企业能够将海量的财务数据存储于云端服务器，这些服务器通常具备专业的安全防护体系和冗余备份机制。即便遭遇自然灾害、硬件故障等意外情况，企业的数据也能得到妥善保存，随时可进行恢复。同时，云存储还支持数据的实时备份与多版本管理，确保企业在任何时候都能获取到准确、完整的财务数据。

值得一提的是，区块链技术以其独特的去中心化、不可篡改特性，为财务审计领域带来了创新性解决方案。在传统财务审计模式下，数据的真实性与完整性往往依赖于企业内部的控制体系和审计人员的专业判断，存在一定的人为操纵风险。而区块链技术通过分布式账本的形式，将每一笔财务交易信息以加密的方式记录在多个节点上，形成一个不可篡改的链式结构。每一次数据的更新都需要经过网络中多个节点的共识验证，确保了数据的真实性和可信度。

　　在财务审计过程中，审计人员可以借助区块链技术便捷地追溯每一笔财务数据的来源与流转过程，无需再依赖传统的纸质凭证和复杂的人工核对。这不仅提高了审计工作的效率和准确性，更从根本上降低了舞弊风险。对于投资者和合作伙伴而言，区块链技术加持下的财务数据更加透明、可信，大大增强了他们对企业的信心，为企业的长期稳定发展奠定了坚实基础。

四、以数字技术驱动财务决策迈向科学化与前瞻性

　　在数字时代，企业财务管理领域正经历着深刻变革，数字技术的广泛应用为财务决策模式带来了根本性转变，使其从传统的经验直觉主导型，逐步向基于数据与分析的科学决策型演进。

　　数字技术凭借其强大的数据处理能力与先进的分析算法，为企业提供了深入洞察财务状况的有力工具。高级分析工具能够对海量的财务数据进行高效整合与深度挖掘，机器学习算法则可以从复杂的数据模式中自动学习并预测未来趋势。借助这些技术手段，企业不仅能够清晰地把握历史财务数据所反映的发展轨迹，以及当前财务状况的全貌，更能对未来潜在的趋势和可能面临的挑战做出前瞻性预判。

　　这种基于数据驱动的决策模式，使得企业在制定财务决策时，能够摆脱以往单纯依赖经验和直觉所带来的局限性与盲目性。企业可以依据精准的数据洞察，在复杂多变的市场环境中做出更加精准、及时的财务决策。例如，在资源分配方面，通过对各项业务的历史绩效数据、市场发展趋势及资源投入产出比进行综合分析，企业能够将有限的资源合理配置到最具潜力和价值的业务领域，实现资源利用的最大化，进而提高投资回报率。

　　比如，以某企业推出新产品为例，该企业借助数字技术整合了产品研发阶段的成本数据、市场调研所获取的消费者需求数据，以及过往类似产品的市场销售数据等多维度信息。同时，结合市场趋势分析和机器学习算法，对新产品推出后的市场反应进行了精准预测。基于这些数据的深度分析，企业得以制定出更具针对性和有效性的市场策略，包括产品定价、推

广渠道选择及促销活动策划等，从而有效提升了新产品在市场中的竞争力，为企业创造了更高的经济效益。这种基于数字技术的财务决策模式，正成为企业在激烈的市场竞争中实现可持续发展的关键驱动力。

五、拓展财务管理的范围与模式

数字平台的高效运用，宛如一把利刃，成功打破了传统意义上的组织边界与行业壁垒，实现了对财务管理对象与领域在多元化、多层次、多维度的全面覆盖与紧密连接。在当今数字化浪潮下，跨境电商平台、共享经济平台及社交媒体平台等新型商业模式如雨后春笋般涌现，这些创新模式的诞生，使得财务管理的范畴不再仅仅局限于企业内部的狭小空间，而是向着全球范围内不同国家、地区、市场、货币和税收等方面进行了深度拓展。

比如，以跨境电商平台为例，企业在开展跨境业务时，需要面对不同国家和地区的复杂税收政策、汇率波动及贸易法规等财务管理难题。这就要求财务部门不仅要精通本国的财务制度，还要深入了解目标市场国家的相关政策法规，以便准确进行成本核算、风险评估及税务筹划。又如共享经济平台，其独特的运营模式涉及多方利益主体，包括平台提供商、资源所有者以及服务使用者等，财务部门需要设计合理的利益分配机制，确保各方利益得到平衡，同时还要应对共享经济模式下特殊的收入确认、成本分摊等财务问题。

与此同时，数字化浪潮也深刻改变了传统财务管理的角色定位。在过去，财务部门往往扮演着被动的服务者、监督者及记录者的角色，主要工作集中在对企业经济活动的事后记录与监督。然而，随着数字技术的广泛应用，财务部门正逐渐向主动的参与者、创造者及领导者转变。如今，财务人员借助先进的数据分析工具，能够实时获取企业内外部的各种数据信息，通过对这些数据的深入挖掘与分析，为企业战略决策提供有力支持。例如，在企业制定市场拓展计划时，财务人员可以依据数据分析预测不同市场的潜在收益与风险，帮助企业合理规划资源投入，从而成为企业战略决策的积极参与者。在业务创新方面,财务人员也能够凭借对财务数据的敏锐洞察力,为企业提出创新性的商业模式与盈利方案,实现从价值守护者到价值创造者的角色转变。

综上所述,数字技术正以前所未有的深度与广度改变着企业财务管理的模式与理念。在当下数字经济蓬勃发展的时代背景下,企业唯有积极主动地拥抱数字技术,方能有效提升财务管理的效率与效果,从而更好地适应数字经济时代的发展需求。展望未来,随着数字技术的持续进步及应用场景的不断丰富拓展,财务管理必将迎来更为广阔的发展空间与无限可能。企业应提前布局,加强数字化人才培养与技术储备,充分挖掘数字技术在财务管理领域的巨大潜力,为企业的长远发展奠定坚实基础。

第四节 财务管理数字化转型的必要性

一、传统企业财务管理职能面临的挑战与转型需求

财务管理作为企业运营体系中不可或缺的关键构成要素,对于企业的资金调配运用、经营活动核算、财务报表解析及财务战略规划等关键领域,均发挥着举足轻重的作用。它犹如企业运营的"中枢神经系统",精准把控着企业的资金流向与运营状况,为企业的稳定发展提供坚实支撑。然而,随着全球经济格局的深刻变革和信息技术的迅猛发展,企业所处的外部环境发生了翻天覆地的变化。一方面,全球经济竞争态势日益激烈,企业面临着来自国内外同行的双重竞争压力,市场环境瞬息万变,对企业的应变能力提出了极高要求。另一方面,信息透明度的大幅提升,使得企业的财务信息更加公开透明,利益相关者对企业财务信息的准确性、及时性和完整性的期望也与日俱增。

在此背景下,传统的财务管理工作模式暴露出诸多弊端。其一,其信息集成速度迟缓,难以在瞬息万变的市场环境中迅速整合各类财务数据,导致企业管理层无法及时获取全面准确的财务信息,进而影响决策的及时

性与科学性。其二，及时性较差，传统的财务报告生成周期较长，往往无法实时反映企业的财务状况和经营成果，使得企业在应对突发情况时反应滞后。其三，数据的完整性与准确性难以得到有效保障，手工处理财务数据容易出现人为失误，且数据在传递过程中可能出现丢失或篡改等问题，严重影响财务信息的质量。

上述种种弊端致使传统的财务管理工作模式已无法满足企业应对复杂多变的外部环境的需求。企业若要在激烈的市场竞争中立于不败之地，就必须对财务管理职能进行转型升级，以适应外部环境的变化。

二、智能化财务管理系统的优势与作用

智能化的财务管理系统能够为企业提供更加有力和更加深入的财务决策分析，为企业经营决策提供更加全面和准确的支持。[①] 该系统凭借先进的信息技术和数据分析算法，能够为企业提供更为深入、全面且精准的财务决策分析。

在企业面临重大投资决策时，智能化财务管理系统可通过对海量历史财务数据及实时市场数据的深度挖掘与分析，精准评估投资项目的风险与收益，为企业管理层提供科学合理的决策建议，助力企业做出明智的投资决策。同时，在企业制定经营策略时，系统能够基于财务数据和市场趋势预测，为企业提供全面的财务支持，帮助企业优化资源配置，提高经营效率。

此外，随着财务智能化的深入发展，各类智能化财务工具如雨后春笋般涌现。如财务分析软件、税务管理软件、成本管理软件和财务报表软件等，这些智能化工具各自具备独特的功能与优势。它们能够将企业各项财务管理工作所需的数据进行高效整合，打破数据壁垒，实现数据的互联互通。在此基础上，这些工具能够生成准确、实时、全面且深入的财务报告，为企业管理层提供详尽的财务信息，使其能够及时了解企业的财务状况和经营成果。同时，这些智能化工具还为企业提供了高效的管理手段，极大

---

① 宋雨澄，高菁妤，周佳悦.数智化背景下企业财务管理职能的转型探究［J］.互联网周刊，2023（6）：63—65.

地节约了企业财务管理团队的时间和精力，使企业财务管理工作能够更加智能、高效地运转，从而提升企业的整体运营效率和竞争力。

三、财务管理数字化转型的必要性

在当今现代企业管理架构中，财务元素已深度融入企业的诸多业务活动与管理流程之中，财务管理已然成为企业管理的核心枢纽，是支撑企业持续稳健发展的基石与保障。高效的财务管理不仅能够显著提升资金运用效率，增强企业的核心竞争力，还能为企业管理层提供富有实战价值的财务经营信息，助力管理层准确把握企业发展脉搏，做出科学决策。财务管理人员依据现行会计准则，紧密结合企业实际经营状况及财务数据信息，对企业特定时期内的生产经营活动进行全面梳理与深入分析，并从财务专业视角出发，提出具有针对性的判断意见。同时，财务管理工作还为企业未来发展规划所需的生产经营决策与战略目标提供了翔实可靠的数据支持。然而，在数字化、智能化信息技术日新月异的当下，传统财务管理模式在日常运作中逐渐暴露出财务数据集成效率低下、时效性欠缺、数据完整性与准确性不足等弊端。鉴于此，将数智化技术融入财务管理工作，不仅能够使财务管理更加契合企业的发展趋势，还能更好地满足企业管理的多元化需求，成为企业财务管理转型升级的必然选择。

（一）推动财务管理工作由传统核算型向现代管理型的根本性转变

在数智化时代的大潮中，企业财务核算工作的面貌正经历着前所未有的变革。随着财务机器人技术的日益成熟与广泛应用，企业原本那些烦琐、重复的财务工作，如制单、审核、记账及对外报表编制等，已逐渐被智能高效的财务机器人所接管。这一转变，不仅标志着财务处理方式的革新，更深刻地影响了财务管理人员的角色定位与工作职责。一方面，财务人员的工作重心得以从繁重的财务核算任务中解脱出来，他们不再局限于传统的数据处理和记录工作，而是有更多的时间和精力投入更具战略意义的管理型工作中。这种转变鼓励财务人员积极参与企业的经营管理决策，通过深度分析财务数据，为企业的战略规划、资源配置和风险控制提供有力支持，从而实现了从"账房先生"到"战略伙伴"的角色跨越。另一方面，数智化工具的应用极大地丰富了财务数据的维度和深度，使得企业能够获取到更为细致、全面的财务信息。这些数据不仅涵盖了企业运营的各个方面，还具备了实时性、准确性和可追溯性等特点，为经营管理决策所需的多维度、多层次的实时分析提供了坚实的数据支撑。在此基础上，管理型财务工作得以更加精准地把握市场动态，预测企业发展趋势，评估潜在风险，为企业的可持续发展提供科学、可靠的决策依据。

相较于传统的核算型财务管理工作，管理型工作更加注重决策的有效支撑和价值创造的最大化。它要求财务管理工作不仅要提供及时、准确的数据信息，还要能够对这些信息进行深度挖掘和分析，形成具有前瞻性和洞察力的财务报告和分析建议。同时，管理型工作还强调财务信息的可视化呈现，以便于决策者能够直观、快速地理解财务状况，做出更加明智的决策。因此，财务管理数字化转型不仅是适应时代发展的需要，更是提升企业财务管理水平、增强企业竞争力的必然选择。

（二）加速业务与财务一体化转型的深入推进

传统财务管理模式的一个显著缺陷在于，它往往局限于对各类财务数据的孤立分析与研究，而未能与企业的实际经营业务紧密融合。这种脱节导致财务分析结果有时与业务实际相去甚远，难以有效指导企业的决策与运营。然而，随着财务管理职能中数智化技术的广泛应用，这一状况正在得到根本性的改变。

在数智化平台的强大驱动下，财务管理不再是一个孤立的职能，而是有机地融入了企业价值链的各个环节之中。这一转变实现了财务与业务的深度融合，使得财务管理能够更紧密地贴合企业的实际运营需求。一方面，财务管理部门作为天然的数据库，其数智化转型使得其能够更高效地收集、处理和分析财务数据。这些数据不仅为财务管理本身提供了丰富的信息支持，还能够实时地为业务开展和其他管理环节提供决策数据依据。这种实时的数据共享和传递机制，极大地提高了企业决策的时效性和准确性。另一方面，通过"数字化"与"智能化"技术的巧妙结合，财务管理能够高效整合财务与非财务信息，打破传统信息孤岛，实现业务项目管理的集控化和数据标准化。这种整合不仅提升了信息处理的效率和准确性，还使得企业能够更全面地了解业务状况，更准确地评估业务风险，从而做出更明智的决策。

因此，财务管理数字化转型不仅促进了业务与财务的一体化转型，还提升了企业的整体运营效率和管理水平。它使得企业能够更灵活地应对市场变化，更准确地把握业务机遇，从而在激烈的市场竞争中立于不败之地。

（三）促进财务管理向价值创造导向的深刻转变

信息化时代的汹涌浪潮，不仅见证了诸多信息化技术的蓬勃兴起与广泛应用，更凸显了企业在日常生产经营活动中所面临的海量经营信息，这些信息如同宝贵的矿藏，亟待企业管理层去挖掘、去分析，以支撑决策判断。然而，传统模式下的财务管理工作，尽管也聚焦于价值管理，为企业管理层提供了一定的价值信息，但在推动企业整体发展价值提升方面，其贡献度却显得相对有限。

数智化时代的到来，为财务管理工作带来了前所未有的变革机遇。数智化技术的融入，如同为财务管理插上了翅膀，使其能够突破传统束缚，实现模式的根本性转变。在这一转变过程中，财务管理部门不再仅仅扮演着成本控制的角色，而是逐渐蜕变为企业的利润中心，成为推动企业价值创造的重要力量。

财务管理工作在数智化技术的赋能下，不再局限于对历史数据的简单记录和分析，而是能够深入挖掘数据背后的业务逻辑和发展趋势。通过对现有财务数据信息的全面梳理和深度分析，财务管理部门能够实时监控业务的整体发展过程，及时发现潜在的风险和机遇。同时，借助数智化技术的预测能力，财务管理还能够对企业未来的发展趋势进行科学合理的预测，为企业管理层提供具有前瞻性和战略性的数据分析报告。

　　这些有价值的数据分析，不仅能够帮助企业管理层做出更加明智的决策，还能够为企业创造更大的价值。通过优化资源配置、提高运营效率、降低风险成本等多种方式，财务管理工作在数智化时代的背景下，正逐渐成为企业价值创造的重要源泉。这种转变不仅提升了财务管理的地位和影响力，更为企业的可持续发展奠定了坚实的基础。

第二章　企业财务成本控制基础理论

第一节　成本控制的定义与重要性

一、成本控制的定义

财务成本控制是一种经济控制，即企业的财务成本管理机构和各级管理人员根据预定的财务成本目标，对企业实际生产经营活动过程中的资金运动，进行指导、限制和监管，掌握情况，发现偏差，及时矫正，并寻找降低成本的最佳途径，以保证更好地实现预定的财务成本目标，促使企业财务成本效益不断提高的一种管理活动。[①] 深入剖析财务成本控制的基本概念，我们可以得出以下几点核心认识：

首先，从控制主体来看，财务成本控制的实施者不仅包括专门的财务成本管理机构及各级管理人员，还涵盖了与财务成本发生直接或间接关联的各级人员。这一广泛的主体构成，确保了财务成本控制能够渗透到企业运营的每一个角落，形成全方位、多层次的控制网络。

其次，就控制客体而言，财务成本控制所关注的对象是企业生产经营活动中发生的各种资金运动及其最终结果。这包括但不限于资金的流入流出、资金的分配使用、资金的转化形态等，涵盖了企业资金运动的全过程和各个方面。

最后，从控制目标来看，财务成本控制旨在通过深入研究企业的资金运动规律，探寻实现最佳财务成本效益的有效途径，进而提升企业的整体

---

① 王玉钰，聂宇，刘石梅.企业财务管理与成本控制［M］.长春：吉林人民出版社，2019.

经济效益。这一目标不仅体现了财务成本控制作为企业管理重要组成部分的战略地位，也彰显了其在促进企业可持续发展中的关键作用。

此外，成本控制作为一个复杂而多维的概念，还具有广义和狭义之分。

广义的成本控制，亦可称为成本管理，它要求对企业运营的每一个环节和流程都进行细致入微的控制。这种全面的控制方式不仅涵盖了成本预测、成本计划等事前控制环节，还包括了日常成本控制、成本分析和评估等事中及事后控制环节。通过这一系列的控制活动，企业能够实现对成本的全面掌控，为企业的决策提供有力的支持。

相比之下，狭义的成本控制则更加聚焦于产品的生产阶段，因此也常被称为成本的日常控制。在这种控制方式下，企业主要关注的是如何将产品的成本严格控制在预先制定的计划范围之内。为此，企业需要密切监控计划成本与实际成本之间的差异，深入分析差异产生的原因，并据此采取一系列有效的解决措施来控制和降低成本。这种控制方式虽然相对局限，但在确保产品生产成本控制方面却具有显著的效果。

二、成本控制的重要性

（一）成本控制影响企业的盈利能力

成本控制，作为企业财务管理的核心组成部分，其对企业盈利能力的影响是全方位、多层次的，堪称企业保持竞争优势、实现长期可持续发展的关键要素。

首先，从利润空间的直接提升角度来看，有效的成本控制无疑扮演着至关重要的角色。通过实施精细化管理策略，优化资源配置流程，企业能够在确保产品质量和服务水平不受影响的前提下，显著降低生产和运营成本。这种成本的降低直接转化为利润率的提升，为企业的盈利增长提供了坚实的基础。同时，优化后的成本控制还赋予了企业更强的价格竞争力。在激烈的市场竞争中，成本优势往往能够迅速转化为价格优势，使企业能够在保持合理利润水平的同时，以更加具有吸引力的价格吸引客户，从而有效扩大市场份额，实现规模效应，进一步推动盈利能力的提升。

其次，良好的成本控制对于企业优化资源配置、提高经营效率具有显著促进作用。通过深入剖析和识别企业运营过程中的不必要开支，企业可以更加精准地将有限的资源投入能够创造更高价值的领域，如研发创新、市场开拓等。这种资源的重新配置不仅能够提升企业的整体经营效率，还能够为企业的长期发展注入新的活力，从而进一步增强企业的盈利能力。

最后，有效的成本控制还能够显著增强企业的抗风险能力。通过降低盈亏平衡点、优化现金流管理、增加价格调整空间以及优化产品结构等一系列成本控制措施，企业可以更加高效地利用资源，提高战略灵活性。这样，在经济波动或行业下行时期，企业就能够更加从容地应对各种挑战，保持自身盈利能力的稳定性。因此，成本控制不仅是企业提升盈利能力的关键手段，更是企业增强抗风险能力、实现长期稳健发展的重要保障。

（二）成本控制在企业战略中的重要地位

在当今数字化浪潮席卷的时代背景下，企业所面临的内外部环境发生了深刻变化。成本控制作为企业管理体系中至关重要的构成部分，于企业战略格局里占据着举足轻重的地位。它绝非仅仅是企业日常运营管理中的一个普通环节，而是企业达成长期发展目标的稳固根基，更是企业在市场竞争中选择差异化战略或成本领先战略的核心支撑要素。

从市场竞争优势强化的层面来看，行之有效的成本控制，宛如企业在复杂多变的市场环境中的一把利剑，能够助力企业在全力保障产品质量达到既定标准的同时，成功维持一个相对较低的价格水平。这一优势在竞争激烈的市场环境中，无疑是企业脱颖而出的关键所在。在当今消费者愈发注重性价比的市场趋势下，价格已然成为左右消费者选择产品或服务的关键因素之一。企业通过科学合理的成本控制策略，能够深度挖掘并有效降低运营过程中的各类成本，进而为产品的定价策略提供更为广阔的灵活调整空间，使企业在激烈的价格竞争中稳稳占据有利地位，吸引更多的消费者关注与选择，从而不断扩大市场份额，提升市场竞争力。

再者，成本控制在企业管理层决策过程中扮演着不可或缺的重要角色，为其提供了极具价值的决策依据。通过对成本数据进行系统、深入的分析，管理层能够精准地评估企业内部不同业务单元的实际盈利能力。这种基于翔实数据的深入洞察，使得管理层在进行资源配置决策时，不再仅仅依赖经验或直觉，而是能够依据各业务单元的真实盈利状况与发展潜力，作出更为科学、合理的资源分配决策。这种基于数据驱动的决策方式，不仅极大地提升了决策过程的科学性与准确性，更有助于企业将有限的资源精准投放到最具价值与潜力的业务领域，优化资源在企业内部的整体配置，进而全面提升企业的整体运营效率，确保企业各项业务能够协同高效发展。

此外，成本控制所具备的功能远不止于单纯应对风险，更是企业推动创新发展及优化经营模式的强大催化剂。在企业追求成本效率最大化的过程中，必然需要持续尝试与引入全新的管理方法及先进的技术手段。这一过程如同为企业注入了创新的活力源泉，极大地激发了员工的创新思维，促使他们积极主动地寻求流程优化与改进的新途径。与此同时，通过对成本数据进行精准细致的分析，企业能够敏锐地捕捉到市场中潜藏的新业务机会，为业务模式的创新发展提供有力的数据支撑。例如，在企业为实现既定成本目标而大力加强跨部门协作的过程中，各部门之间不同思维与观点的碰撞交融，往往能够催生出一系列创新的解决方案，这些创新成果犹如源源不断的新鲜血液，为企业的长期稳定发展注入新的活力与动力，推动企业在不断变化的市场环境中持续创新与发展。

最后，在数字时代背景下，运用投资先进管理系统和自动化技术，已然成为企业实施成本控制的重要手段之一。这些前沿技术和先进系统的广泛应用，犹如为企业的成本控制与运营管理装上了强大的引擎，不仅能够有效地对企业各项成本进行精准控制，还能够全面推动企业整体实现数字化转型的宏伟目标，显著提升企业的运营效率。借助数字化转型的强大力量，企业能够实现对各项业务流程的高效整合与智能化管理，打破信息壁垒，实现信息的实时共享与高效协同工作。这不仅有助于企业内部各部门之间实现更加紧密的协作与沟通，还能够使企业更加迅速、准确地响应市场变化，满足客户多样化的需求，从而进一步提升企业在市场中的竞争力和市场占有率。

综上所述，成本控制在企业战略体系中的地位不可替代，它犹如企业发展征程中的定海神针，是企业实现长期发展目标、始终保持强大竞争优势的关键保障，对企业在数字时代背景下的生存与发展具有不可估量的重要意义。

第二节　成本分类与成本控制原则

一、成本分类

（一）会计成本

1.成本按其经济用途的分类

在企业运营过程中，依据成本的经济用途，通常将其划分为生产成本、销售成本及管理成本三大类别。

（1）生产成本

生产成本是企业在生产产品或提供劳务时所产生的成本。从具体的经济用途细分，可进一步分为直接材料、直接人工及制造费用三项成本。其中，直接材料指的是直接构成产品实体的原材料所对应的成本；直接人工是指在生产环节中，对原材料进行直接加工，使其转化为产品过程中所耗费的人工成本；而制造费用则是指在生产过程中，无法归入直接材料与直接人工这两个成本项目的其他成本支出。

（2）销售成本

销售成本是产品处于流通领域时，为实现产品推销所发生的各项成本，涵盖了广告宣传费用、送货运杂费用、销售佣金、销售人员薪资，以及销售部门所产生的办公费、差旅费、修理费等其他相关费用。

（3）管理成本

管理成本是指除生产成本和推销成本外，企业行政部门为有效组织企业生产经营活动所发生的成本，例如董事费、管理人员薪金等。

按照费用要素分类所呈现的成本信息，一方面能够展现企业在特定时期内发生的各类生产经营耗费，明确各项耗费的具体数额，从而助力企业分析耗费的结构与水平；另一方面，还能反映出物质消耗与非物质消耗的结构及水平，对统计工业净产值以及国民收入具有积极的辅助作用。

2.产品成本与期间成本

（1）可计入存货的成本

可计入存货的成本，是指在发生之际，首先以存货形式进行记录，待产品出售时，才转变为费用的成本类型。例如，生产过程中所耗用的材料成本、人工成本及间接制造费用，起初会被记为产品成本。在产品尚未出售之前，这部分成本作为"资产"列示于财务报表之中。当产品实现销售时，便一次性转化为费用，从销售收入中予以扣减。此类成本遵循因果关系原则，确认为费用。换言之，其与产品的生产和销售存在直接的因果联系，产品销售这一行为引发了成本向费用的转化。

（2）资本化成本

资本化成本，是指先将相关支出记录为资产，而后按照一定的规则逐步分期转化为费用的成本。以固定资产的购置支出为例，在初始阶段，该项支出被记为固定资产成本，并在财务报告中被列为"资产"项目。随着固定资产在其使用年限内的逐步损耗，通过分期计提折旧的方式，将固定资产成本陆续分摊转化为费用。这种处理方式基于资产在多个会计期间内为企业带来经济利益的特性，依据合理的分配原则，将成本在受益期间内进行分摊。

（3）费用化成本

费用化成本，即成本发生的当期便直接转化为费用的成本。它主要包含两种类型：其一，依据因果关系原则确认的费用。例如，公司管理人员的工资，由于其效用在本期已经完全耗尽，与本期的经营活动存在明确的因果联系，因此，应在本期确认为费用；其二，无法按照因果关系及"合理地和系统地分配原则"进行确认的费用。以广告成本为例，尽管广告投入能够为企业带来长期效益，但难以精确界定其在具体哪一个会计期间能够获取多少效益。鉴于这种不确定性，只能在成本发生的当期立即确认为费用。

（二）机会成本

在资源使用决策的制定过程中，当从多个可行方案中选择某一特定方案时，所放弃的最佳备选方案所蕴含的"潜在收益"，即可能实现的所得，即被定义为机会成本。机会成本这一概念，源于对有限资源利用决策的深入分析。资源通常具有多重用途（多种使用机会），但同时又往往是稀缺的。因此，资源一旦被投入某一特定用途中，便无法同时用于其他用途，体现了资源使用的排他性。

由于资源的用途多样，资源使用机会往往不止一种，且这些机会所带来的潜在收益可能存在显著差异。在此情况下，机会成本的确定通常基于所放弃的资源最佳可比用途的潜在收益。

尽管机会成本并非传统意义上的"成本"，也无需记入会计账簿，不构成企业的实际支出，但它却揭示了将资源投入某一方面所可能获得的利益，是以放弃资源在其他方面的潜在利益为代价的。因此，在决策过程中，必须将未选方案可能获得的"潜在收益"作为机会成本纳入中选方案的总成本考量中，才能全面、客观地评估中选方案的经济效益，准确判断所选方案是否真正为最优，从而确保资源得到最有效的利用。忽视机会成本，很可能导致决策失误。

（三）沉没成本

沉没成本，作为一个特定的成本分类，在企业财务成本控制体系中占据着独特的位置。它指的是那些不需要动用本期现金等流动资产即可形成的成本，其本质源于以往的付现成本在本期的摊销。具体而言，沉没成本涵盖了如固定资产的折旧费用、无形资产的摊销费用等项目。当这些费用按照既定的会计方法被计入本期费用时，它们并未直接消耗本期的现金或流动资产，而是反映了以往付出现金在当期的经济效应分摊。

从成本控制的原则出发，沉没成本具有几个显著的特性。首先，沉没成本是一种历史成本，它代表的是过去已经发生且无法回收的支出。这些成本一旦形成，就固定地存在于企业的资产结构中，如已购置设备的原价、已生产存货的制造成本等。其次，沉没成本具有不可逆转性，即它们不受未来决策的影响，也不为现在或将来的任何行为所改变。无论企业如何调整其未来的经营策略或资源配置，这些已经发生的成本都无法得到补偿或调整。

在企业财务成本控制的实践中，对沉没成本的考量具有重要意义。由于沉没成本不影响未来的成本结构，也不与未来的决策直接相关，因此，在做出投资决策或成本控制决策时，企业应理性地忽视这些已经沉没的成本。这意味着，当企业面临是否继续投资某个项目、是否处置某项资产或是否继续生产某种产品等决策时，应基于未来的现金流预测、成本效益分析及市场前景等因素进行综合考虑，而不应被过去的沉没成本所束缚。

（四）付现成本

付现成本，从严格的财务学定义出发，指的是在当下经济活动进程中，企业必须动用现金或者其他具有高度流动性的资金资源来予以支付的成本项目。这一概念在企业的决策制定过程中，特别是在涉及生产决策等关键领域，扮演着不可或缺的角色。因为，在规划生产活动或任何其他业务活动时，企业必须充分考虑所需资金的流动性和即时性，以确保运营的正常进行。

付现成本的特性在于其即时支付性，即这些成本需要在当前会计期间内用现金或相当于现金的流动资产来支付。这与那些可以延期支付或通过摊销方式逐步计入成本的项目形成鲜明对比。付现成本的这一特性使得它在企业的现金流管理中占据重要地位，因为企业必须确保有足够的现金储备来满足这些即时的支付需求。

值得特别关注的是，付现成本并不等同于变动成本。虽然许多变动成本（如原材料成本、直接人工成本等）都是付现成本，但付现成本也可能包括一些固定成本项目。例如，某些租赁费用、保险费用或定期支付的维护费用等，这些成本虽然在一定程度上是固定的，但仍然需要用现金来支付，因此也属于付现成本的范畴。

在决策制定过程中，付现成本的考量对于企业的资金规划和现金流管理至关重要。当企业面临生产决策、投资决策或融资决策时，都需要准确评估付现成本对现金流的影响。通过合理预测和规划付现成本，企业可以更好地控制现金流，避免资金短缺或过剩的情况，从而确保企业的稳健运营和持续发展。

（五）边际成本、差别成本和增量成本

1.边际成本

边际成本，是指在业务量（产量或销量）发生单位增量时，所伴随的成本增加额。从理论层面而言，它反映的是业务量微小变动后成本的即时变动量。鉴于业务量的最小变动单位为"一个单位"，因此，边际成本在实践中通常体现为业务量增减一个单位所引发的成本变动。在大规模生产情境下，当生产能力存在冗余时，增加单位产品主要带来变动成本的增加，此时边际成本与变动成本趋于一致。然而，当生产能力的提升需依赖新增机器设备等固定投入时，边际成本则涵盖了因增加这一单位产品而产生的所有变动成本及固定成本。在会计实务操作中，边际成本有时也被理解为批量产量增加所带来的总成本增量，即边际成本总额。在决策分析中，特别是在生产能力未充分利用且产品售价高于成本时，边际成本成为企业增收策略的重要考量因素。

2.差别成本

差别成本，指的是在两个或更多决策方案之间，因生产方式、工艺或设备选择不同而导致的预计成本差异。决策过程中，各方案因实施路径的

差异，其预计成本亦各不相同，这种成本上的差异即构成差别成本。差别成本不仅包含因产量增加而产生的变动成本增量，还涵盖了超越既有生产能力界限所需新增的固定成本及混合成本。在决策制定中，特别是在产品售价或销售收入相同的前提下，差别成本成为评估方案优劣的关键依据。通过比较不同方案的差别成本与差别收入，若差别收入超出差别成本，则表明优选方案在经济效益上更具优势。

3.增量成本

增量成本，是指与价格及销售量变动紧密相连的成本部分，其计算方式为生产增量后的总成本减去生产增量前的总成本。在多方案成本比较决策中，通常选定一方案作为基准，将其他方案与之对比，所增加的成本即为增量成本。实质上，增量成本是差别成本的一种具体表现，反映了两个方案之间的成本差异。需注意的是，增量成本与边际成本虽易混淆，但两者存在本质区别：边际成本侧重于单位产品增加时的成本计算，而增量成本则着眼于总产量增加时的成本变动。

（六）可避免成本和不可避免成本

1.可避免成本

从专业的成本管理视角出发，可避免成本是指在企业决策过程中，当决策方案发生改变时，某些能够被免除发生的成本项目。进一步而言，在面临多种方案可供选择的情境下，当选定其中某一种方案后，所选方案无需产生相应支出，而其他未被选中方案却需要支出的成本，即被界定为可避免成本。例如，企业在进行产品生产工艺选择时，若一种新工艺的采用可使原本用于旧工艺的设备维护费用不再发生，那么这部分设备维护费用对于新工艺方案而言，就是可避免成本。由于可避免成本与决策方案的选择紧密相关，其变动会直接影响决策的经济后果，因此，可避免成本常常被视为与决策具有高度相关性的成本。在企业进行成本控制与决策优化时，对可避免成本的精准识别与分析，有助于企业挖掘成本节约的潜力，提升资源配置效率。

2.不可避免成本

不可避免成本则与可避免成本相对，它是指无论企业的决策如何改变，或者在众多方案中选用哪一种方案，都必定会发生的成本。这意味着不可避免成本不受决策方案变动的影响，是企业开展生产经营活动所无法规避的成本支出。例如，企业为维持基本运营所需支付的场地租金，无论企业选择何种生产经营策略，该项成本都必然会发生。不可避免成本反映了企业运营的基本成本底线，尽管企业在决策过程中难以对其进行直接削减，但清晰认识不可避免成本，有助于企业在制定决策时，更加客观地评估总成本水平，合理规划资源，确保企业运营的可持续性。

在决策制定过程中，区分可避免成本和不可避免成本对于企业的成本控制至关重要。企业应当重点关注可避免成本，通过合理的决策和调整，尽量减少这部分成本的支出。同时，对于不可避免成本，企业也需要进行科学的管理和规划，确保其合理性和有效性。

（七）责任成本

责任成本，作为一种以责任中心为对象进行计算的成本类型，是企业管理中用于考核评价各责任中心经营业绩和职责履行情况的重要工具。它强调了成本与责任之间的直接关联，即谁负责某项业务或生产活动，谁就应承担相应的成本。

责任成本的计算原则遵循"谁负责谁承担"的基本原则。这意味着，无论成本是用于哪种产品的生产，只要是由某个责任中心负责生产的，那么这些成本就应由该责任中心来承担。这一原则确保了成本与责任之间的匹配性，使得责任中心能够清晰地了解自己的成本责任，从而更加有效地进行成本控制和管理。

责任成本大部分是可控成本。这是因为，只有责任中心能够控制的成本，才能作为考核评价其业绩的依据。如果成本是责任中心无法控制的，那么将其纳入责任成本的考核范围将失去意义。因此，在确定责任成本时，需要仔细分析成本的可控性，确保考核评价的公正性和准确性。

责任成本是责任会计核算的一个重要内容。责任会计是一种将企业经济活动按责任中心进行划分，并对各责任中心的经营业绩和职责履行情况进行考核评价的会计管理制度。在责任会计体系中，责任成本作为考核评价的重要依据，对于激励责任中心积极履行职责、提高经营业绩具有重要作用。

在实现电算化会计信息系统的企业中，责任成本的核算可以与产品成本的核算统一设计。通过电算化会计信息系统，可以更加便捷地收集、处理和分析责任成本数据，为企业管理部门提供准确、及时的责任考核信息。这有助于企业管理部门更加有效地进行责任考核，促进责任中心之间的良性竞争和合作，从而推动企业的整体发展。

（八）可控成本与不可控成本

在企业管理中，成本的控制是提升经营效率和盈利能力的关键环节。成本按照是否受管理者的意志控制，可以被分为可控成本和不可控成本，这一分类对于明确管理责任、优化资源配置具有重要意义。

可控成本，顾名思义，是指那些能够受管理者控制的成本。这类成本的发生额和变动，通常可以通过管理者的决策和行动来加以影响和调整。例如，原材料的采购成本、生产过程中的直接人工费用等，这些成本都可以通过管理者的有效管理和控制来降低或优化。相反，不可控成本则是指那些不受管理者意志控制的成本。这些成本的发生和变动，通常不受企业内部管理决策的影响，而是由外部因素或企业无法控制的内部因素所决定。以生产产品的工厂为例，由公用事业部门提供的水、电、煤气的价格就是不可控成本。因为这些成本的价格并不以生产工厂的意志为转移，而是由外部市场或政策因素所决定。

值得注意的是，可控成本与不可控成本的划分是相对的，而不是绝对的。对于某个部门来说可能是可控的成本，对于另一个部门来说可能就变成了不可控的成本。这取决于不同部门在企业管理体系中的角色和职责，以及它们对成本的控制能力和影响力。然而，从整个企业的角度来看，所发生的一切费用在理论上都是可控的。因为企业作为一个整体，可以通过合理的组织架构、明确的职责划分和有效的管理机制，将成本控制责任分解落实到确切的部门和个人。这样，每个部门和个人都能对自己的成本负责，共同为企业的成本控制和盈利目标努力。

在企业管理实践中，区分可控成本和不可控成本对于制定合理的成本控制策略、明确管理责任、激励员工积极参与成本控制具有重要意义。企业应根据自身的实际情况和管理需求，对成本进行科学合理的分类和管理，不断优化成本控制流程和方法，提升企业的竞争力和盈利能力。

（九）相关成本与非相关成本

在成本管理的理论框架中，依据成本与预测、决策活动的关联性，可将其细分为相关成本与非相关成本两大类。

相关成本，是指那些与预测、决策过程直接相关联的成本要素，其变动直接影响到决策的制定与实施效果。相对地，非相关成本则是指那些与预测、决策无直接联系，其存在与否或变动情况对决策结果不产生实质性影响的成本。

明确区分相关成本与非相关成本的重要性体现在以下两个方面：其一，在信息获取受限，无法全面掌握所有相关数据时，通过有效甄别相关成本与无关成本，摒弃后者，能够确保决策分析聚焦于关键信息，从而提高决策的有效性和准确性。其二，此举有助于简化决策分析流程，使决策者能够集中精力于核心问题，避免无关成本的干扰导致分析过程复杂化，进而保证决策结果的正确性。实践中，即便能够获取决策分析所需的全部资料，若未能妥善区分相关成本与无关成本，也可能因信息混杂而导致分析者注意力分散，影响决策质量。因此，针对具体情境，应灵活运用分析技巧，准确界定相关成本与无关成本的界限。值得注意的是，这一区分并非绝对，而是相对且动态的，它随决策对象、决策时期及决策范围的变化而变化，同一成本项目在不同情境下可能分别归属于相关成本或非相关成本。

二、成本控制原则

（一）全面控制与重点控制相结合的原则

在财务成本控制实践中，应秉持全面控制与重点控制相结合的核心理念。首先，全面控制是基石。这要求我们在财务成本控制中，必须采取全方位、多角度的审视态度，不可偏废任何一方面。财务成本作为衡量企业经济活动成效的综合性价值指标，其涵盖范围广泛，内涵丰富，唯有全面控制，方能确保控制工作的有效性和全面性。具体而言，这包括三个层面的全面控制：一是全员参与，即从企业管理层到基层员工，每个个体都应成为财务成本控制的积极参与者，依据财务成本控制指标严格履行各自职责；二是全过程覆盖，即财务成本控制应贯穿于企业经济活动的始终，无论是哪个环节、哪个阶段，都不应脱离控制范畴；三是全要素管理，即财务成本的所有构成要素，如资金流转、成本费用、收入实现、利润形成等，均应纳入控制体系之中。

然而，全面控制并非意味着平均用力、面面俱到。在全面控制的基础上，我们还应根据财务成本项目的重要性和影响力，实施有重点的控制策略。对于那些对财务成本构成重大影响、关乎企业经济效益的关键项目和内容，应给予更为细致、深入的控制；而对于那些相对次要、影响较小的项目，则可以适当简化控制流程，采取较为宽泛的管理方式。这是因为，企业的资源（包括人力、物力、财力和精力）总是有限的，如果盲目追求全面控制而忽视重点，就可能导致资源分散、控制效果不佳。因此，在财务成本控制中，我们必须学会抓住主要矛盾，突出重点，以有限的资源实现最佳的控制效果，避免"眉毛胡子一把抓"，确保财务成本控制工作的整体成功。

（二）日常控制与定期控制相结合的原则

企业的生产经营活动是一个持续不断的动态过程，与之相伴的财务成本活动也时刻在发生着变化。因此，对财务成本的控制必须融入企业生产经营的每一个环节之中，即强调日常控制的重要性。日常控制能够紧密贴合企业生产经营的实际情况，一旦发现偏差或浪费的迹象，便能立即采取措施予以纠正，将潜在的损失消灭在萌芽状态。这是确保财务成本控制有效性的关键所在。然而，正如前文所述，企业的资源（包括财力、物力和精力）是有限的。过于细致和频繁的财务成本监控可能会消耗大量不必要的时间和精力，导致经济上的不划算和精神上的过度负担，违背了成本效益原则。

相比之下，定期控制则更注重在期末进行盘点和审查，这种方式能够节省人力和物力，但可能无法及时发现和揭示损失、浪费或贪污盗窃等问题。而日常控制虽然能够实时把控，但工作量相对较大。因此，在财务成本控制中，我们需要将日常控制与定期控制有机结合起来。通过日常控制确保即时性和准确性，通过定期控制实现全面性和系统性，两者相辅相成，共同构成企业财务成本控制的完整体系。

（三）定性控制与定量控制相结合的原则

财务成本的定性控制，是从其本质属性出发，对财务成本进行宏观上的把控。这主要体现在对企业成本开支范围的合规性审查，即是否遵循国家财务制度的规定；对费用项目列支的合理性评估，是否符合行业财务制度的特定要求；日常财务开支活动是否遵循既定章程，成本的节约与浪费是否得到了明确的奖惩。财务成本的定性控制，通常由财务成本控制的监督职能来承担，其实质是对财务成本本质的一种约束，通过账务监督、制度监督和群众监督等多种方式得以实现。

然而，定性控制仅能确保开支范围符合相关法律法规和财务成本目标的基本要求，却无法精确衡量开支的具体数额是否符合既定标准。这一任务，则由定量控制来承担。因此，在财务成本控制中，定性管理与定量分析是相辅相成的。单独的定性控制或定量控制都无法全面、准确地实现财务成本的控制目标。只有将两者紧密结合，才能既把握财务成本的整体方向，又确保其具体数额的合规性，从而使财务成本达到预定的控制要求。

（四）专业控制与群众控制相结合的原则

若要实现良好的财务成本控制效果，就必须将专业控制与群众控制紧密结合。专业控制，意味着企业的财务成本控制工作需由专业部门负责组织开展，财务成本控制所采用的方法与手段也应由专业部门进行拟定。一旦在财务成本控制过程中出现问题，同样需要专业部门予以协助解决。由此可见，缺少专业控制，财务成本控制将陷入无序状态，难以构建起完整的体系。而从另一方面来看，财务成本控制也是一项需要全体员工共同参与的群众性工作。身处生产一线的广大职工，对生产经营的实际状况最为了解，同时他们也最为关注自身的劳动成果。依靠群众参与财务成本控制工作，能够为控制工作奠定广泛的群众基础，更有效地激发广大职工的积极性、主动性、创造性，促使他们自觉地做好财务成本控制工作。

（五）责权利相结合的原则

财务成本控制作为强化经济核算、落实与巩固经济责任制的关键手段，理应贯彻责、权、利相统一的原则。其中，"责"指的是完成财务成本控制指标的责任；"权"意味着责任承担者为达成财务成本控制指标，对必要措施所应具备的实施权限，也就是实施控制的权力；"利"则是依据财务成本控制指标的完成情况，对责任承担者进行奖惩。

在财务成本控制过程中，赋予责任主体相应的责任，就必须同时赋予其相应的权力，否则责任主体难以完成所承担的责任。此外，责任承担者履行责任还应获得相应的利益，这是推动其积极履行职责的内在动力。因此，需对各单位在财务成本控制中所承担的责任进行严格考核，以此激发他们在财务成本控制工作中的积极性与主动性。

总之，财务成本控制离不开权力的支撑，否则难以实现有效控制；控制工作必须明确职责，否则会出现无人负责的局面；同时，应配套合理的奖惩机制，做到赏罚分明，从而推动财务成本控制工作的高效开展。

第三节　传统成本控制方法回顾

一、传统成本控制方法

在早期的企业管理实践中，成本控制的核心策略聚焦于预算管理框架之内。尤其是在第一次工业革命后，随着"泰罗制"管理理念的形成与广泛推广，标准成本差异分析技术被有效整合进全面预算管理体系之中，这一举措在降低生产成本方面展现出了显著的成效。进入第二次工业革命时期，特别是 20 世纪 50 年代后，责任会计方法逐渐崭露头角，以责任中心为核心的成本控制模式日益成为企业管理的主流。此时期，随着数学理论在管理科学领域的深入渗透，一系列更为精细的成本控制策略在实践中得以广泛应用。

尽管这些传统成本控制策略在当代企业管理体系中依旧占据一席之地，但其核心理念着眼于生产环节，旨在通过生产过程中的精细化管理实现成本削减，这一模式被学术界与实务界普遍称为"生产导向型"成本控制。传统意义上的成本控制策略，大致指代 20 世纪 80 年代初期之前所采纳的一系列成本控制手段。这些手段包括但不限于：基于成本性态的深入分析及其衍生的本量利分析技术，成本数据的线性回归与非线性回归分析预测方法，以及涵盖标准成本制度、弹性预算编制、零基预算原则、全面预算管理体系等在内的多元化预算策略，还有存货管理的经济订货量模型应用，以及责任会计体系的构建与运用等。

二、传统成本控制方法的局限性

近年来，企业所处的外部环境发生了翻天覆地的变化，经营环境的高风险性、顾客需求的个性化生产及制造过程的高度自动化，均对成本控制系统提出了全新的适配要求。尽管传统成本控制策略一直在被沿用，但其效果却日益显现出力不从心之势。随着时代的发展，传统成本控制手段所能挖掘的成本降低潜力已近枯竭，这使得那些原本适应于相对稳定生产经营环境的成本控制策略，逐渐显露出其固有的局限性。具体而言，这些局限性主要体现在以下几个方面。

（一）只着重产品生产成本的控制

传统成本控制体系，在很大程度上过度侧重于企业内部产品生产制造环节的成本管控。此模式将主要精力与资源倾注于产品生产制造流程之中，力求通过对生产过程中的原材料消耗、人工工时运用及制造费用分配等方面进行严格监控与精细管理，以实现产品生产成本的降低。

然而，这种方法存在明显的局限性。它相应地忽视了产品从构思设计、原材料采购，到产品销售及售后服务等一系列关键过程的成本控制。在产品设计阶段，不合理的设计方案可能导致后续生产过程中成本大幅增加，例如，过于复杂的设计可能提高原材料采购成本与生产工艺难度，但传统成本控制对此阶段成本因素关注不足。在采购环节，若缺乏科学的供应商选择与采购策略制定，未能有效降低采购价格与运输成本，同样会影响企业整体成本，而传统成本控制在此方面的管控力度亦显薄弱。产品销售过程中的营销费用、物流配送成本等，也往往被传统成本控制方法所忽视。

由此可见，传统成本控制方法并未全面涉及企业成本发生的全过程，仅仅局限于以产品生产成本本身的控制为主。这种片面的控制方式，较少从整个企业系统的宏观角度出发，深入探讨引发成本形成的内在动因及探寻更为有效的降低成本的途径。它未能充分认识到企业是一个有机整体，各个环节之间相互关联、相互影响，任何一个环节的成本变动都可能对整体成本产生连锁反应。因此，传统成本控制方法在应对复杂多变的市场环境与企业运营需求时，逐渐暴露出其固有的局限性。

（二）使部门对相当一部分成本不可控

在传统成本控制模式中，其构建逻辑主要基于组织机构的职能、权限、目标及任务，以此来划分责任中心，进而形成纵横交织的责任控制系统。在横向层面，是以职能部门为单位划分责任费用中心，各职能部门专注于自身领域内的费用管控；纵向层面，则构建了厂部、车间、班组三级责任中心，层层落实成本控制责任。

然而，这种看似完备的体系却存在显著的局限性。各职能领域在实际运行中呈现出相对自治的状态，彼此之间缺乏充分且有效的交流与协同。当某一部门基于自身工作需求，提出特定的计划与要求时，往往会面临流程上的阻碍。由于该计划可能涉及多个职能领域，此部门不得不跨越自身职能范畴，向其他相关部门进行请示与协调。这一过程不仅烦琐，还容易引发一系列问题。例如，在沟通协调过程中，会产生一些与核心业务关联性不大的预算支出，这些额外的预算难以被精准预测与有效控制，从而导致部门对相当一部分成本失去可控性。

与此同时，企业围绕垂直职能构建的架构，使得价值流在企业运营过程中常常处于一种模糊不清的状态。价值流作为企业创造价值的一系列活动流程，在传统模式下，大多既未被明确命名，也缺乏系统的管理。价值流的各个环节分布于不同职能部门，部门间各自为政的工作模式，使得价值流难以顺畅运行，增加了成本管控的难度。

鉴于此，为突破传统成本控制模式下部门成本可控性的困境，实现企业成本的有效控制，对传统的价值流进行重新构建显得尤为必要。通过成立高效的价值流小组，打破部门间的壁垒，整合各环节资源，使价值流得以清晰呈现与有效管理。这样，企业能够更精准地识别成本动因，优化业务流程，从而对成本进行全方位、精细化的控制，提升企业在市场竞争中的成本优势。

（三）传统成本控制与市场脱节

当前，我国企业在成本核算上普遍采用制造成本法。依据此方法逻辑，降低单位产品所承担的制造费用，即可直接降低产品的单位成本。在销售量保持恒定的情况下，产品单位成本的下降意味着企业利润的相应提升。因此，企业往往倾向于通过扩大生产规模、严格控制单位成本来追求利润最大化。然而，这种策略忽视了市场经济的基本规律，导致企业盲目追求高产量以降低成本，却忽略了产品市场需求的变化。

企业通过增加存货来转移或隐匿生产过程中的成本，虽然可能在短期内实现高利润，但这样的成本信息却极易误导管理层的决策，对长期的成本控制造成不利影响。更为关键的是，传统成本控制的目标往往与顾客的需求目标存在偏差。在 21 世纪的全球化竞争背景下，企业若要从激烈的市场竞争中脱颖而出，就必须从满足顾客需求的角度出发进行生产和经营。以海尔为例，其成功进入国际市场的重要原因之一，就是能够及时响应并满足当地客户的需求，设计出符合当地市场需求的个性化产品，从而赢得了可观的利润。由此可见，密切关注市场需求变化，以顾客需求为导向进行生产和经营，才是企业获取竞争优势的关键所在。传统成本控制策略若不能与市场需求紧密衔接，将难以适应现代市场的快速发展。

（四）无法实行实时的控制

当前，我国众多企业在信息处理方面仍面临诸多挑战，尤其在收集、整理和传递信息数据时，手工处理方式依然占据主导地位。这种传统的信息处理方式不仅效率低下，而且易于出错，难以满足现代企业对信息时效性和准确性的高要求。企业内部信息系统的不健全，以及数据处理技术的落后，进一步加剧了这一问题。在许多企业中，计算机的应用仍然有限，对于利用 Internet、EDI 等先进的信息技术手段来提升信息处理效率和准确性更是鲜有涉及。

由于信息系统的不完善和数据处理技术的落后，企业往往难以获取全面、准确且及时的信息数据。信息管理的不集中导致信息散落于各个部门，无法形成统一、完整的信息流，这极大地影响了企业对经营活动的实时监控和分析能力。信息的不全和不准确，使得企业在进行决策时不得不依赖历史资料，而无法基于实时数据做出更加精准、及时的决策。在成本控制方面，这种信息处理的滞后性导致了企业只能进行事后的分析和控制。无法在产品研发、采购、仓储、生产、销售、服务等经营活动全过程中，对全部活动进行实时的控制与分析。这种事后控制的方式不仅效率低下，而且难以及时发现和纠正成本偏差，从而无法有效地控制企业成本。

因此，缺乏实时控制能力是传统成本控制方法的一大局限性。为了提升企业的成本控制效果，企业必须加强信息系统建设，引入先进的数据处理技术，充分利用信息技术手段来提升信息处理的效率和准确性。只有这样，企业才能实现经营活动的实时监控和分析，及时发现并纠正成本偏差，从而确保成本控制的有效性和及时性。

（五）传统成本控制的对象不够深入

传统成本控制方法往往将"产品"作为其主要的控制对象，这种控制方式显得较为宏观，未能深入生产产品的具体价值流中去。实际上，企业是由一系列价值流构成的，这些价值流又可以进一步分解为各个作业环节，而作业环节则是消耗各种资源的基本单元。在资源消耗的过程中，成本也随之产生。因此，要有效控制成本，就必须从控制发生在生产产品的各项价值流作业上的成本入手。然而，传统成本控制方法却未能做到这一点。它过于关注产品层面的成本，而忽视了价值流作业层面的成本控制。这种浮于表面的控制方式，难以找到引发成本的真正动因，也无法找到有效的成本控制方法。因此，传统成本控制方法往往达不到应有的控制效果。具体来说，传统成本控制方法在范围上局限于生产领域，忽视了产品设计、采购、销售等全过程的成本控制；在内容上局限于制造成本，忽视了其他如研发成本、营销成本等非制造成本的控制；在时效上局限于事中和事后成本控制，缺乏事前预测和规划的能力；在手段上较为落后且效率低下，无法适应现代信息化、数字化的管理需求；在深度上则显得较为宏观且不够深入，未能深入价值流作业层面进行细致的成本控制。

综上所述，我国传统成本控制方法存在诸多局限性。为了提升成本控制的效果和效率，企业需要转变成本控制理念，采用更加先进、细致的成本控制方法。这包括将成本控制对象深入价值流作业层面，关注全过程的成本控制，加强事前预测和规划，以及引入信息化、数字化的管理手段等。通过这些措施，企业可以更加有效地控制成本，提升竞争力。

第四节 成本控制与企业战略的结合

在现代企业管理的广阔实践中，成本控制与企业战略的结合已逐渐成为企业实现长期可持续发展的核心要素。这一结合不仅体现了企业管理理念的深化，更是对市场环境变化和企业内部资源优化配置的积极响应。成本控制，作为企业财务管理体系中不可或缺的组成部分，其重要性不仅体现在对企业盈利能力的直接影响上，更在于它构成了企业战略实施过程中的坚实保障。

企业战略，作为一个涵盖市场定位、产品定位、渠道定位、品牌定位等多个维度的综合性规划，是企业面向未来、谋求长远发展的行动指南。而成本控制管理，则是通过一系列科学、系统的手段，如降低成本、提高效率、优化资源配置等，为企业战略的实现提供有力的支持。在数字时代背景下，这一支持作用显得尤为突出，因为信息技术的飞速发展为企业成本控制提供了新的工具和方法，使得成本控制更加精准、高效。因此，企业应高度重视成本控制与企业战略的紧密结合，将其视为推动企业实现长期可持续发展的关键路径。

一、成本目标的精准锚定

在当前数字化浪潮席卷的时代大背景下，企业若要在激烈的市场竞争中稳健前行，实现可持续发展的宏伟目标，首要任务便是确立精准且明晰的成本目标。这一成本目标并非孤立存在，而是与企业的战略规划以及长远发展愿景紧密相连、深度契合，宛如企业发展脉络中不可或缺的关键节点。具体来看，成本目标涵盖多个重要维度。以削减生产成本为例，企业需要通过一系列科学合理的方式，如对生产环节进行全面且深入的优化，对各类资源进行精准且高效的配置等，来有效降低单位产品所消耗的生产成本。这不仅有助于企业在市场中以更具优势的价格参与竞争，增强产品的价格竞争力，还能为企业赢得更为广阔的市场份额，从而在市场竞争中占据有利地位。

提高利润率亦是成本目标的关键维度之一。这就要求企业在严格把控成本的同时，高度注重产品附加值的提升。企业可以通过不断加大研发投入，推动产品创新，提升产品的功能与品质；或者优化产品的售后服务，为客户提供更加优质、贴心的服务体验等方式，赋予产品更多的价值内涵。如此一来，企业便能在实现利润最大化的道路上稳步迈进，为自身的持续发展积累雄厚的资金实力。

提高效率同样是成本目标不容忽视的重要方面。企业需着重通过对业务流程进行优化，去掉烦琐冗余的环节，提升流程的顺畅性与高效性；同时，积极引入先进的技术手段，借助科技创新的力量，实现生产过程的自动化、智能化升级。通过这些手段，企业能够有效缩短生产周期，减少生产过程中的时间浪费与资源损耗，全面提升运营效率，进而从根本上达到成本控制的目的，实现企业经济效益的最大化。

二、全面预算管理的科学构建

在数字时代背景下，企业面临着更为复杂多变的经营环境，为实现可持续发展，科学构建全面预算管理体系显得尤为关键。企业必须依据自身特定的经营目标，以及风云变幻、难以捉摸的市场形势，投入大量精力精心编制全面且系统的预算规划。

全面预算在企业运营中扮演着至关重要的角色，宛如精确绘制的蓝图，全方位勾勒出企业运营的路径与方向。它广泛涵盖收入预算、成本预算及资金预算等多个核心领域，各领域相互关联、相互影响，共同构成企业运营的整体框架。

第一，收入预算，作为驱动企业发展的动力源泉预测，其重要性不言而喻。企业需要紧密结合市场动态发展趋势，深入分析市场需求的变化规律，精准把握市场的潜在机遇与挑战。同时，还需对自身产品的竞争力进行客观且全面的评估，包括产品的质量、性能、价格、品牌影响力等多方面因素。通过综合考量这些因素，企业能够对未来的收入进行精准预估，为企业的资源配置与战略决策提供重要的依据。

第二，成本预算，则是企业对各项成本支出的前瞻性规划。它要求企业深入生产、销售、管理等各个具体环节，对每个环节所涉及的成本进行细致入微的测算。在生产环节，需考虑原材料采购成本、生产设备折旧、人工成本等；销售环节则要涵盖市场推广费用、销售渠道建设成本、售后服务成本等；管理环节涉及行政管理费用、人力资源管理成本、办公费用等。通过这种详细的成本测算，企业能够为成本控制设定合理且科学的边界，确保在实现企业战略目标的过程中，成本始终处于可控范围内。

第三，资金预算，关乎企业资金的合理调配与有序流动，是保障企业正常运营的关键环节。企业需根据收入预算和成本预算的情况，合理规划资金的来源与运用。一方面，要确保企业拥有充足的运营资金，以满足日常生产经营活动的需要，避免因资金短缺而导致生产停滞或业务中断。另一方面，要追求资金的高效利用，避免资金闲置或浪费，通过合理安排资金的投放与回笼，提高资金的使用效率，降低资金成本。

通过严谨的预算制定与切实有效的执行，企业能够实现对成本的前瞻性控制。在预算执行过程中，企业可以将各项实际开支与预先设定的预算标准进行实时对比，一旦发现偏差，及时采取相应的调整措施。这种严格的预算控制，犹如为企业成本支出安装了一个精准的"安全阀"，能够有效规避成本失控的风险，确保企业在稳健的成本管理轨道上持续发展。

三、成本核算与分析的深度推进

企业若要实现有效的成本控制，深度推进成本核算与分析工作至关重要，而构建一套完备且精确的成本核算体系则是这一工作的基石。此成本核算体系犹如企业成本管理的精密仪器，需要对生产成本、销售成本、管理费用等各项成本要素进行精细化核算，以确保对企业运营成本的全面把控。

在生产成本核算方面，它如同企业生产环节的"透视镜"，使企业能够清晰洞察原材料采购、生产加工、人工投入等各个具体环节的成本构成。通过对原材料采购成本的核算，企业可以了解不同供应商的价格差异、采购批量对成本的影响等；对生产加工成本的核算，能帮助企业知晓生产设备的使用效率、能源消耗情况等；而人工投入成本的核算，则有助于企业评估员工的工作效率与薪酬合理性。凭借这些信息，企业能够精准定位成本消耗的关键节点，从而为成本控制提供明确的切入点。

销售成本核算则是企业了解销售环节成本支出的重要途径。它助力企业全面掌握产品推广费用，如广告投放、促销活动的成本效益；渠道建设成本，包括拓展新销售渠道、维护现有渠道所需的投入；售后服务成本，例如，产品维修、退换货等方面的支出情况。通过对销售成本的核算与分析，企业可以判断销售策略的有效性，优化销售资源配置，提升销售环节的成本效益。

管理费用核算则让企业明晰行政管理、人力资源管理等方面的成本投人。在行政管理方面，涵盖办公设施购置、办公场地租赁、行政人员薪酬等费用；人力资源管理方面，包括招聘、培训、绩效考核等成本。通过对管理费用的核算，企业能够审视管理流程的合理性与效率，寻找潜在的成本节约空间。

在完成各项成本要素的精细化核算后，企业还需定期对成本数据展开深度剖析。这一过程中，将实际成本与预算成本、历史成本进行细致比对是关键步骤。通过比较实际成本与预算成本的差异，企业仿佛拥有了一双"敏锐的眼睛"，能够及时发现成本控制过程中的偏差。这种偏差可能源于预算编制的不合理，也可能是实际运营过程中的突发因素导致。一旦发现偏差，企业便可以迅速采取针对性措施予以纠正，确保成本控制在预期范围内。

而对比实际成本与历史成本的变化，则如同开启了一扇探索成本变动原因的大门。通过深入挖掘，企业能够发现诸多影响成本上升或下降的内在原因。例如，市场价格波动，原材料价格的上涨或下跌会直接影响生产成本；生产工艺改进，新的生产技术或工艺流程可能提高生产效率，降低生产成本；管理效率提升，优化的管理流程、高效的团队协作可能减少管理费用的支出。这些对成本变动原因的深入理解，为企业后续成本控制策略的调整与优化提供了坚实的数据支撑，使企业能够更加科学、精准地制定成本控制措施，在激烈的市场竞争中保持成本优势。

四、成本效益分析的战略考量

在企业战略规划与发展目标制定这一攸关企业未来走向的关键决策进程中，成本效益分析无疑占据着核心且不可或缺的地位。它犹如企业决策航船上的精密导航仪，引导着企业在复杂多变的商业海洋中做出正确的航向选择。对于这一关键环节，企业必须以全面、系统且深入的视角，去评估不同决策方案可能对成本与利润造成的潜在影响。此过程绝非简单的数字计算，而恰似一场复杂精妙的权衡博弈，其间涉及众多关键因素的综合考量。

市场需求变化首当其冲，它宛如市场脉搏的跳动，时刻影响着企业产品或服务的需求规模与结构。企业需敏锐捕捉市场需求的细微波动，判断其对产品销量、价格及成本结构的潜在影响。例如，新兴消费趋势的兴起可能催生对新产品的需求，企业若能及时响应，虽可能增加研发与生产成本，但也可能凭借满足新需求获取高额利润；反之，若对市场需求变化反应迟缓，可能导致产品滞销，成本积压。

竞争对手动态亦是不可忽视的重要因素。在竞争激烈的市场环境中，竞争对手的一举一动都可能对企业的成本与利润产生涟漪效应。企业不仅要关注竞争对手的产品定价策略，以确保自身产品在价格上具备竞争力，避免因价格过高导致市场份额流失或因价格过低压缩利润空间；还要留意其市场拓展策略、技术创新投入等，以便及时调整自身决策，保持竞争优势。若竞争对手推出更具性价比的产品，企业可能需要在降低成本或提升产品附加值之间做出抉择，而这一抉择将直接影响成本与利润。

技术创新趋势更是推动企业发展的强大引擎，同时也深刻影响着成本效益分析。新技术的涌现可能为企业带来生产效率提升、成本降低的机遇，如自动化生产技术可减少人工成本，大数据分析技术能优化供应链管理，降低库存成本。然而，新技术的引入往往伴随着高昂的研发或购置成本，以及员工培训成本等。企业需准确评估技术创新所带来的长期收益与短期成本投入之间的关系，确保技术创新能够为企业带来正向的成本效益。

通过深度且全面的成本效益分析，企业能够从众多备选方案中精准甄别出最具成本效益的最优选择。这不仅有助于企业在实现战略目标的征程中稳步前行，更能确保企业资源得到高效配置，实现利润最大化的终极目标。以企业面临新产品研发决策为例，企业需对研发成本、生产成本、市场推广成本以及预期收益进行全方位、多层次的评估。研发成本涵盖研发人员薪酬、实验设备购置、研发场地租赁等方面；生产成本包括原材料采购、生产设备投资、生产工艺优化等费用；市场推广成本涉及广告投放、营销活动策划、渠道建设等支出。而预期收益则需综合考虑市场需求规模、产品定价策略、市场份额预期等因素。只有当预期收益显著大于总成本，且成本效益比达到企业预先设定的标准时，该决策方案才具备切实的可行性与深远的战略价值。由此，企业方能在新产品研发的道路上迈出稳健且明智的步伐，实现战略与经济利益的双赢。

五、激励机制与成本考核的协同驱动

在企业成本管理体系的构建中，激励机制与成本考核的协同驱动，对推动企业成本管理目标的实现具有至关重要的作用。

构建一套与成本管理紧密相连的激励机制，是激发员工积极投身成本管理工作的核心要素。企业应深刻认识到员工是成本管理的直接参与者与践行者，他们的积极性与创造力对成本控制成效有着深远影响。因此，通过设定与成本节约直接挂钩的奖励机制，能够充分调动员工的主观能动性。这种机制鼓励员工以敏锐的视角，深入挖掘企业运营各环节中潜藏的节约成本的潜力，并积极提出创新性的成本控制建议。例如，当员工提出切实可行且能有效降低生产成本的方案时，企业应及时给予物质奖励与精神表彰。物质奖励可以是奖金、奖品等直接的经济激励，让员工从经济层面切实感受到自身贡献所带来的回报；精神表彰则可通过公开表扬、荣誉证书授予等方式，满足员工的成就感与归属感，使其深刻认识到自身贡献对企业成本控制的重要价值。这种双管齐下的激励方式，能极大地激发员工参与成本管理的热情。

与此同时，将成本控制指标全面融入员工绩效考核体系，是实现激励与成本管理深度融合的重要举措。这一举措使得员工的个人绩效与企业成本管理目标紧密相连，形成利益共同体。通过制定明确、科学且合理的成本考核标准，企业能够对员工在成本控制方面的工作表现进行客观、公正的评价。对于那些在成本控制方面成效显著的员工，企业应给予正向激励，除了物质奖励与精神表彰外，还可在晋升机会、培训资源分配等方面予以倾斜，进一步强化员工积极参与成本控制的行为。而对于未能完成成本控制目标的员工，则需实施相应惩罚，如扣除部分绩效奖金、进行绩效面谈等。这种奖惩分明的机制，既为员工提供了积极的引导，又设定了明确的行为边界。

通过激励与约束并存的机制，能够有效激发员工成本控制的内在动力。这种动力促使企业各部门与全体员工主动承担起成本控制责任，形成全员参与成本管理的良好氛围。在这种氛围下，从基层员工到高层管理者，都积极为企业降低成本、提升效益贡献力量，进而推动企业整体成本管理水平的提升，增强企业在市场竞争中的优势。

六、成本优化与持续改进的动态演进

在当今竞争激烈且瞬息万变的商业环境中，企业若要在市场浪潮中站稳脚跟并实现可持续发展，在全力保障产品质量与服务水平的坚实基础上，积极探寻成本优化的多元路径显得尤为关键。这一过程涉及企业运营的多个关键领域，包括生产流程、供应链管理及产品设计等，它们相互关联、相互影响，共同构成了企业成本优化的重要版图。

在生产流程层面，企业引入先进的生产技术与自动化设备。先进的生产技术能够优化生产工艺，提高产品的精准度与稳定性；自动化设备能够大幅提升生产速度，减少人工干预带来的误差与成本。通过两者的结合，企业不仅可以显著提高生产效率，还能有效降低人工成本，使生产过程更加高效、经济。例如，汽车制造企业引入机器人生产线，不仅提高了车身焊接的精度与速度，还减少了大量人工操作，降低了人工成本，从而提升了产品在市场上的竞争力。

供应链管理领域同样蕴含着巨大的成本优化潜力。企业需与优质供应商建立长期稳定的合作关系，优质供应商往往具备更高的产品质量、更稳定的供应能力及更合理的价格体系，通过与他们深度合作，企业能够在原材料采购环节获得诸多优势。同时，优化采购流程也是降低成本的重要途径。企业可以运用先进的采购管理系统，实现采购信息的实时共享与高效处理，减少采购环节的烦琐流程与沟通成本，从而降低采购成本。例如，大型连锁超市通过与主要供应商建立长期战略合作伙伴关系，共同优化采购计划与物流配送，实现了货物的快速周转与成本的有效控制。

产品设计作为企业成本控制的前端环节，对成本消耗有着深远的影响。

企业应秉持简约化与标准化的设计理念，在追求产品功能与美观的同时，注重减少生产过程中的复杂性与成本消耗。简约化设计能够去除产品中不必要的功能与装饰，降低原材料的使用量与生产工艺的复杂度；标准化设计则有利于提高零部件的通用性与互换性，便于大规模生产，降低生产成本。例如，电子产品制造商通过采用标准化的接口与模块设计，不仅方便了产品的组装与维修，还降低了生产过程中的成本，提高了产品的市场竞争力。

此外，值得强调的是，财务成本管理并非一个静态的、一蹴而就的过程，企业需要建立一套长效的持续改进机制，如同为企业安装了一个敏锐的"环境感知器"与"自我优化引擎"，通过密切关注内外部环境的变化，企业能够及时捕捉到降低成本的新机遇与新方法。内部环境变化可能包括企业自身生产技术的突破、管理模式的创新等；外部环境变化则涵盖市场需求的转变、行业技术的革新、政策法规的调整等。企业应定期对成本管理策略进行全面、深入的评估与调整，以确保成本管理始终与企业战略和发展目标保持高度一致。这种动态的成本管理模式，使企业在激烈的市场竞争中始终保持成本领先优势。通过不断优化成本管理，企业不仅能够提高自身的盈利能力与抗风险能力，还能为客户提供更具性价比的产品与服务，进一步巩固市场地位，实现企业与客户的双赢局面。

第三章　企业财务成本控制技术分析

第一节　目标成本管理法

一、目标成本管理法的内涵

目标成本管理法，乃是一种高度契合市场导向的企业财务成本控制技术。在产品尚处于规划与设计阶段，便前瞻性地设定目标成本。这一过程并非凭空臆断，而是基于对市场的深入洞察，以精准把握市场对产品价格的接受程度为根本前提。在此基础上，通过严谨的成本倒推机制，明确产品在设计、生产、销售等各个关键环节所能够承受的成本上限。

此方法并非局限于某一特定阶段或某部分人员，而是贯穿于产品的整个生命周期，涵盖企业各层级人员，形成一种全过程、全员深度参与的成本管理模式。它的核心要点在于，对传统成本管理理念进行了创新性的变革，将成本管理的重心从以往聚焦的生产制造阶段，战略性地向前推移至产品的规划与设计阶段。这一转变意义深远，着重强调在产品形成的起始源头，就对成本进行行之有效的控制，从根源上杜绝因产品设计不合理等因素导致的成本失控风险，为企业在激烈的市场竞争中赢得成本优势奠定坚实基础。

二、目标成本管理法的特征

（一）市场导向性

目标成本管理法紧密围绕市场需求和市场价格的动态变化，来确定产品的目标成本。这一特征要求企业必须具备敏锐的市场洞察力和高效的市场调研能力。企业需通过系统的市场调研活动，深入了解消费者对产品功能、质量、价格及服务等多方面的期望和需求。这些市场信息是确定产品目标售价的重要依据，也是企业制定市场竞争策略的基础。在获取了充分的市场信息后，企业会结合自身的战略目标、品牌定位及期望的利润水平，通过科学的倒挤成本方法，计算出产品的目标成本。这一过程不仅考虑了市场竞争的激烈程度，还充分考虑了消费者的购买意愿和支付能力，确保产品定价的合理性和市场竞争力。

市场导向性的特征使得目标成本管理法能够紧密贴合市场需求，使企业的产品更具市场竞争力。通过精准的市场定位和合理的成本控制，企业能够更好地满足消费者的需求，同时保证自身的盈利目标。这种以市场为导向的成本管理策略，不仅有助于企业在激烈的市场竞争中脱颖而出，还能够为企业带来持续的竞争优势和稳定的盈利增长。因此，市场导向性是目标成本管理法不可或缺的核心特征，也是企业在数字时代背景下实现财务成本控制和市场竞争力的关键所在。

（二）全过程性

目标成本管理法所具备的全过程性，是其作为企业财务成本控制技术的显著特征之一。该方法不仅局限于产品生产的某一阶段，而是贯穿于产品的整个生命周期，从最初的研发设计到最终的销售及售后服务，每一个环节都纳入了成本控制的范畴。

在产品研发设计阶段，目标成本管理法就强调对成本的详细规划和控制。企业需要根据市场调研结果和消费者需求，结合目标成本的要求，对产品的设计方案进行反复推敲和优化。这包括对产品功能、材料选择、结构设计等方面的综合考虑，以确保产品设计既满足市场需求，又符合成本控制的目标。通过这一阶段的成本控制，企业可以在产品诞生之初就锁定成本，为后续的生产和销售奠定坚实的基础。

进入生产制造过程，目标成本管理法继续发挥其全过程性的优势。企业需要通过优化生产流程、提高生产效率、合理安排生产资源等措施，来降低生产成本。这包括采用先进的生产技术、设备和管理方法，减少生产过程中的浪费和损耗，提高资源利用效率。同时，企业还需加强生产过程中的成本控制和监督，确保实际成本不超出预设的目标成本范围。

在销售和售后服务阶段，目标成本管理法同样注重成本的控制。企业需要通过优化销售渠道、提高销售效率、降低销售费用等措施，来降低销售成本。同时，在售后服务方面，企业也需注重效率的提升和成本的降低，如建立高效的售后服务体系、提供快速响应的服务等，以满足消费者的需求，同时控制售后服务成本。

（三）全员参与性

目标成本管理法所蕴含的全员参与性，是其有效施行并达成预期成本控制目标的关键支撑要素。在企业的运营架构中，这一管理方法强调企业各个部门与全体员工均需深度融入成本管理进程，形成一种全方位、多层次的成本管控格局。

自企业的高层管理人员，至基层一线员工，每一个岗位、每一位成员都肩负着明确的成本管理职责与任务。高层管理人员凭借其宏观视野与战略决策能力，在企业整体层面制定成本管理战略与目标，为目标成本管理工作指明方向。例如，基于对市场动态、行业竞争态势以及企业长期发展规划的综合考量，确定企业在特定时期内的总体成本控制目标，并将其细化分解至各个部门与业务环节。

研发部门作为产品设计与创新的核心力量，在目标成本管理中扮演着源头把控的重要角色。在产品设计阶段，研发人员需充分考量成本因素，通过优化产品设计方案，在确保产品性能与质量满足市场需求的前提下，严格控制成本。这要求研发人员不仅要具备专业的技术知识，还需对成本构成有清晰的认识，将成本意识贯穿于产品设计的每一个细节，避免因设计不合理导致后续生产成本的增加。

采购部门的工作直接关系到原材料成本的高低。他们需要凭借专业的市场调研与供应商管理能力，在确保原材料质量符合生产要求的基础上，通过与供应商的谈判、优化采购批量与采购时机等方式，确保原材料采购成本严格契合目标要求。同时，采购部门还需与其他部门紧密协作，及时了解生产需求变化，避免因原材料库存积压或短缺而产生额外成本。

生产部门作为产品制造的执行主体，在目标成本管理中承担着降低生产成本的核心任务。生产人员通过不断提升生产效率、优化生产工艺及严格把控产品质量、降低废品率等措施，实现生产成本的有效控制。例如，通过引入先进的生产设备与技术，加强员工技能培训，提高单位时间内的产品产出量；建立严格的质量检测体系，从源头上减少废品的产生，从而降低生产成本。

销售部门作为企业与市场的直接对接窗口，在目标成本管理中同样发挥着不可或缺的作用。销售人员在关注产品销售业绩的同时，需密切留意销售过程中的成本控制。他们通过优化销售策略，合理选择销售渠道，精准定位目标客户群体，提高销售转化率，降低销售费用。此外，销售部门还需及时反馈市场信息与客户需求变化，为研发、生产等部门调整产品策略与成本控制措施提供依据。

通过企业各部门与全体员工的积极参与、协同配合，形成一股强大的成本管理合力。这种合力如同企业成本管控的坚实壁垒，从各个层面、各个环节对成本进行有效监控与控制，确保目标成本得以顺利实现，为企业在激烈的市场竞争中赢得成本优势与可持续发展空间。

三、数字时代下目标成本管理法的应用策略

（一）强化精准市场调研与深度数据分析的融合应用

在数字时代，随着大数据、人工智能等先进技术的迅猛发展，企业获取市场信息的渠道和方式发生了深刻变革。目标成本管理法在这一背景下，更加强调精准的市场调研与深度数据分析的融合应用，以提升企业成本管理的科学性和有效性。

企业可以充分利用大数据技术的强大能力，广泛收集并整合来自社交媒体、电商平台、客户反馈等多渠道的市场信息。这些信息涵盖了消费者的偏好变化、需求趋势、购买行为，以及竞争对手的产品定价、市场策略等关键内容。通过对这些海量数据的深入挖掘和分析，企业能够更全面地了解市场动态，把握市场脉搏。企业可以借助数据分析工具，对社交媒体上的用户评论、点赞、分享等行为进行情感分析，从而洞察消费者对产品的真实感受和潜在需求。同时，通过对电商平台销售数据的细致梳理，企业可以掌握产品的销售情况、价格敏感度及消费者购买偏好等关键信息。

基于这些精准的市场调研和数据分析结果，企业能够更准确地预测市场需求的变化趋势，为产品定价和目标成本的确定提供有力支撑。例如，企业可以通过大数据分析，明确消费者对某类产品不同功能的关注度和价值认知，从而在产品功能设计时做到有的放矢。在满足消费者核心需求的前提下，避免过度设计或功能冗余导致的成本浪费，确保产品设计既符合市场需求，又符合成本控制的目标。

（二）数字化设计和成本模拟优化，驱动成本管理创新

在数字时代，数字化设计技术的迅猛发展为企业产品设计带来了前所未有的变革。企业利用先进的数字化设计软件，如计算机辅助设计（Computer Aided Design，简称CAD）、计算机辅助工程（Computer Aided

Engineering，简称 CAE）等，能够在虚拟环境中对产品进行全方位、多维度的设计和优化。在这一过程中，数字化设计不仅提升了产品设计的效率和精度，更为成本管理开辟了新的路径。

数字化设计的核心优势在于其能够实时模拟产品的性能、生产工艺及成本构成。在设计初期，企业就可以通过数字化手段对产品的各种性能指标进行预测和评估，确保产品设计满足市场需求和消费者期望。同时，数字化设计还能够对产品的生产工艺进行模拟和优化，提前发现并解决可能存在的生产难题，降低生产过程中的风险和成本。更为重要的是，数字化设计为企业提供了成本模拟和分析的强大工具。通过对不同设计方案的成本进行模拟分析，企业可以直观地比较各种方案的成本差异，选择成本最低且满足产品功能和质量要求的最佳方案。这种基于数据的决策方式，大大提高了成本管理的科学性和准确性。

此外，数字化设计还便于企业与供应商之间的协同设计。在数字化平台上，企业可以与供应商共享设计数据和信息，共同对产品零部件的设计和成本进行优化。这种协同设计的方式，不仅促进了供应链上下游之间的紧密合作，还有效降低了产品零部件的成本，提升了整个供应链的效率。

（三）成本的实时监控和动态调整

在数字时代，企业成本管理的精细化程度得到了前所未有的提升，这主要得益于数字化的成本管理系统的广泛应用。这一系统如同企业的"成本守卫者"，能够实时监控产品在研发、采购、生产、销售等各个环节的成本发生情况，确保成本管理的全面性和及时性。通过与企业资源计划（Enterprise Resource Planning，简称 ERP）系统、供应链管理（Supply Chain Management，简称 SCM）系统等核心信息系统的深度集成，数字化的成本管理系统实现了成本数据的实时采集、处理和分析。这意味着，企业可以随时随地获取到最新的成本信息，为决策提供有力支持。

在成本管理过程中，一旦系统检测到成本偏离了预设的目标成本，就会立即发出预警信号。这种预警机制如同企业的"风险雷达"，能够及时发现潜在的成本超支风险，为企业争取到宝贵的调整时间。面对成本偏离的情况，企业可以迅速采取行动进行调整。以原材料采购成本超出目标为例，企业可以与供应商进行协商，争取更优惠的价格；或者寻找替代供应商，以降低成本；还可以通过优化采购批量，实现规模经济效应，进一步降低成本。如果生产过程中出现废品率上升导致成本增加的问题，企业也可以借助数字化成本管理系统的数据分析功能，迅速找到问题的根源。通过调整生产工艺、加强员工培训、引入更先进的生产设备等方式，企业可以有效降低废品率，将成本控制在目标范围内。

（四）跨部门协同和信息共享

在数字时代，信息系统的飞速发展为企业内部管理带来了革命性的变化。传统的信息壁垒被打破，各部门之间的信息流通变得前所未有的顺畅，跨部门协同工作成为可能。在目标成本管理的语境下，这种跨部门的协同与信息共享显得尤为重要。

研发、采购、生产、销售等部门，作为企业运营的核心环节，各自承担着不同的成本管理职责。然而，这些部门的工作并不是孤立的，而是相互依存、相互影响的。为了确保企业整体成本的有效管理，各部门之间必须保持紧密的沟通和协作。数字时代的信息系统为这种跨部门协同提供了强大的支持。通过统一的信息平台，研发部门在设计产品时可以实时了解原材料的价格和供应情况，从而在设计阶段就考虑成本因素，避免后续因材料成本上升而导致的成本超支。采购部门则能够根据研发部门的需求，及时调整采购计划，确保原材料的供应与产品设计的需求相匹配，同时控制采购成本。生产部门在接收到研发部门的设计方案和采购部门的原材料供应信息后，可以根据市场需求和成本情况，灵活调整生产计划。通过优化生产流程、提高生产效率、降低废品率等方式，生产部门可以在保证产品质量的同时，有效控制生产成本。销售部门作为企业与市场的桥梁，负责将市场反馈及时传递给其他部门。通过分享市场信息、客户反馈和销售数据，销售部门可以帮助其他部门更好地了解市场需求变化，从而调整产品设计和生产计划，以满足市场需求并控制成本。

通过跨部门的协同合作，企业能够确保各个环节的成本控制都围绕目标成本展开。这种协同合作不仅提高了成本管理的效率和准确性，还增强了企业应对市场变化的能力。在数字时代的背景下，跨部门协同与信息共享已经成为企业成本管理的新范式，为企业的持续发展提供了有力的支持。

第二节　作业成本法

一、作业成本法的内涵

作业成本法，亦称作业成本计算法，是当代企业管理科学中一种颇为先进的成本管理方法，其在数字时代背景下展现出了更为显著的应用价值。该方法的核心理念在于，以作业作为成本管理的中心环节，通过系统地将企业所消耗的资源费用追溯或合理地分配至各项具体作业之中，进而精确计算出各项作业的成本，并最终将这些作业成本追溯或分配至相应的成本对象，以完成全面的成本计算过程。作业成本法不仅仅局限于对产品成本计算结果的关注，更重视对产品成本形成过程及其背后原因的深入剖析。它要求在对作业及其成本进行准确确认和科学计量的基础上，进行产品成本的计算，从而确保成本信息的准确性和可靠性。

从技术框架的角度来看，作业成本法的基本原理遵循着一种严谨且系统的逻辑。首先，它按照资源动因，即资源消耗与作业之间的因果关系，将企业对资源的消耗情况（即资源成本）精确地分配到各个作业之中。这一步骤是作业成本法的基础，也是确保后续成本计算准确性的关键。其次，作业成本法按照作业成本动因进行追踪，即根据作业与最终产品之间的关联关系，将作业成本进一步追溯或分配至相应的产品之中，从而得出最终的产品成本。

作业成本法的主要技术特点体现在多个方面。其一，它将原材料和劳务作业成本按照固定期限确定单位价格，这一做法有助于企业实现成本的标准化管理和控制，提高成本计算的准确性和可比性。其二，作业成本法强调根据实际生产条件进行成本核算，这意味着它能够充分考虑企业生产过程中的各种实际情况和变化，使成本计算更加贴近实际，为企业的成本控制提供更为准确的信息支持。其三，作业成本法要求全面记录实际生产成本，包括直接成本和间接成本，确保成本信息的完整性和全面性。最后，作业成本法还致力于完善成本控制体系，通过作业成本的确认、计量和分配，实现对产品成本的精确计算和分析，进而为企业的成本控制和决策提供有力支持。这种全面的成本控制体系有助于企业及时发现成本管理中的问题，并采取有效的措施加以改进，提高企业的经济效益和竞争力。

二、作业成本法的特征

（一）可追溯性

作业成本法的一个显著特征是其可追溯性，这一特性亦可被形象地称为双向性。在作业成本法的框架下，成本的分配并非单向流动，而是呈现出一种自上而下与自下而上的双向追溯路径。成本首先自上而下地从资源层面分配到各个作业中。这一过程中，企业会根据资源动因，即资源消耗与作业之间的直接关联关系，将资源成本精确地追溯到各个作业上。这样，每个作业所消耗的资源成本就得以清晰明了地呈现出来。同时，作业成本法也支持产品成本向上追溯至资源层面。当企业需要了解某个产品成本的具体构成时，可以通过作业成本法的追溯机制，从产品成本出发，逆向追踪到各个作业，再进一步追溯到资源层面。这种双向追溯的特性使得生产管理过程中各环节的成本消耗情况一目了然，为企业的成本控制和管理提供了极为有力的支持。

作业成本法的可追溯性不仅增强了成本信息的透明度和准确性，还提高了企业对成本管理的精细化和科学化水平。企业可以更加清晰地了解成本的形成过程和原因，从而更加有针对性地制定成本控制策略，优化成本管理流程，提高企业的经济效益和竞争力。

（二）注重战略成本管理

战略成本管理，作为成本管理与战略管理相融合的企业管理理论，核心要义在于借由成本的有效管控，为企业战略发展提供有力支撑。在成本管理范畴，它并非单纯着眼于成本绝对值的削减，而是借助作业成本法，提升成本管理效能，优化企业成本结构，使其与企业发展深度关联，进而获取并维持竞争优势，实现成本的长效管控。企业妥善运用作业成本法，有助于管理者将目光聚焦于成本动因。通过深入剖析成本动因，从根源实施控制，全面洞悉并优化相关作业流程，提高作业效率，实现对成本消耗的精准管理。同时，作业成本法在企业战略规划制定中扮演关键角色，既能提供精准可靠的信息，又为企业在行业内实现成本领先奠定数据基础。

鉴于市场环境变幻莫测，企业若要维持强大的竞争优势，需着重关注竞争战略。企业借助作业成本法核算得出的成本信息，将资源耗费原因与战略目标紧密结合，提出具有战略性的建议与决策，这对企业的生产经营意义重大。战略成本管理通过战略管理与成本管理的有机结合，以发展的视角优化企业内部环境，塑造差异化竞争优势，大幅提升企业在市场中的竞争力。

（三）注重过程管理

作业成本法的成本核算过程，一般涵盖作业划分、作业中心构建、资源成本归集、基于资源动因的成本分配，以及依据作业动因的二次成本分配。该方法全面贯穿于产品生产经营管理的全过程，其核算流程与产品生产流程紧密相连。相应地，作业、作业中心及资源成本项目，均以产品生产管理流程为基准进行划分与归集。由此可见，产品的生产管理过程对于作业成本法的设计与实施至关重要，不可或缺。

企业应用作业成本法，能够精准把握成本构成的相关信息，实时监控各项作业对资源成本的消耗状况。这些成本信息不仅有助于企业优化作业流程、提升管理效率、有效降低成本消耗，还为企业制定更为科学的决策提供了合理依据，助力企业实现价值提升与利润增长。

（四）成本核算更合理

作业成本法全面覆盖产品从调研设计、生产制造到营销售后等各个环节，采用更契合实际的分配方式，使作业相关成本的核算更为详尽、合理，所反映的成本信息也更精准、可靠。对比传统成本法与作业成本法，不难看出作业成本法为企业创造的价值，不仅在于提供更精确、可靠且具有参考意义的成本数据与信息，还体现在帮助企业在日常运营中节约时间成本与人力成本，助力管理者实现对企业的全方位管理。在成本构成内容上，作业成本法将产品消耗的所有成本囊括其中，将与产品生产经营相关的一切费用均计入产品总成本，尤为注重成本核算的合理性。作业成本法依据成本动因分配产品成本，合理探寻每个作业中心作业发生的根源，实现资源成本的精准分配，使成本分配环节更具科学性与合理性，进一步提升成本核算的合理性。

（五）成本范围广

在数字时代背景下，企业财务成本控制技术不断革新，其中作业成本法作为一种先进的成本核算方法，其独特之处在于对成本范围的全面覆盖与精准计量。作业成本法在核算成本时，采取了一种多维度、全方位的视角，不仅局限于传统意义上的直接材料和直接人工，而是将成本的触角延伸至企业生产经营的每一个角落。作业成本法所核算的产品成本，实质上是指整个生产流程中的总成本，这一总成本概念涵盖了从产品孕育之初至其生命周期结束的全过程。它不仅包括了产品生产过程中直接发生的各项费用，如原材料消耗、人工工时等，还包括了产品前期调研阶段的成本费用，如市场调研费、产品设计费等，以及产品售出后为客户提供的后续服务和维修等费用。这种全方位的成本核算方式，使得作业成本法相较于传统成本法，其成本核算范围更加广泛，更加贴近企业实际运营的全貌。例如，以 A 公司为例，该公司在实施作业成本核算时，将其核算范围扩展到了奶牛养殖的全流程。从购买冻精进行繁育的开始阶段，到采购饲料进行饲养的日常管理，再到对奶牛的防疫治疗，以及挤奶设备的耗材支出等各个环节，所有与奶牛养殖相关的资源费用和耗费均被纳入了作业成本的核算范畴。这种全面的成本核算方式，不仅有助于 A 公司准确掌握奶牛养殖的真实成本，还为其后续的成本控制、预算编制和决策制定提供了翔实的数据支持。

三、数字时代下作业成本法的应用策略

（一）全面优化与升级企业内部环境

在数字时代背景下，企业于成本控制过程中实施作业成本法时，需从多维度入手，对既有内部环境进行系统性优化，以确保企业内部环境能够充分契合作业成本法的应用需求。具体而言，企业在运用作业成本法开展成本管控工作时，需高效收集各类信息并据此作出及时决策。在此过程中，若信息系统性能欠佳，势必会削弱信息收集与利用的效率和成效，进而对作业成本法的应用效果产生不利影响。因此，企业需达到一定的信息技术标准，采用先进的信息技术手段，以满足作业成本法的基本运行需求。

鉴于此，各企业需结合自身规模、业务流程等实际情况，构建并完善信息管理系统，形成由供应系统、制造系统及销售系统有机整合的集成化系统。依托此集成系统，企业可全面收集各阶段产品销量、产品成本及绩效数据等信息，既获取历史数据，又分析实时数据，为作业成本法在企业成本控制中的应用奠定坚实基础。

同时，企业需结合具体需求，灵活选用会计核算方法，并在企业内部积极推广作业成本法，持续优化生产组织、管理制度等内部环境要素。在

生产经营过程中，企业应严格遵循并落实适时供应原则，确保原材料能够在规定时间、规定地点按需求量准确交付。此外，企业还需充分发挥各部门及员工在成本控制中应用作业成本法的作用，确保全员参与全过程的成本控制工作。企业内部的控制与管理制度亦需与作业成本法的应用要求保持高度一致。通过全面优化与升级企业内部环境，企业可为作业成本法在成本控制中的应用创造有利条件。

（二）科学界定与合理划分成本对象

在将作业成本法融入成本控制与管理体系的过程中，企业需以作业成本对象为核心基础。若作业成本对象划分不当，将直接制约作业成本法的应用效果及成本控制的整体成效。成本计算对象，即在进行产品成本计算时，所确定的归集与分配生产费用的具体承担实体。明确成本计算对象是准确核算产品成本的前提条件，只有确定了成本对象，才能针对每个成本计算对象分别设立相应的产品成本计算单元，进而归集各成本对象所应承担的生产费用，并计算出各成本对象的总成本及单位成本等关键指标。

因此，企业需紧密结合自身实际情况，对成本对象进行科学界定与合理划分。例如，以工业企业为例，可根据其生产组织方式，如大量生产、分批生产或单件生产等，进行成本对象的划分。在划分产品成本计算对象时，企业应全面考量生产类型、成本管理要求等多重因素。故而，在应用作业成本法的过程中，企业应灵活调整成本对象的划分方式，需充分结合企业的生产形势、生产规模、生产工艺等实际情况，合理确定成本对象，以确保成本核算与成本控制的准确性和有效性。

（三）深入剖析与合理分析成本动因

企业在应用作业成本法时，需将资源分配至作业，再将作业分配至成本对象。成本动因，包括资源动因和作业动因，是资源成本向作业分配、作业成本向成本对象分配的关键依据。各企业在成本控制及作业成本法实施过程中，需对成本动因进行深入剖析，并以此为指导，有效推进成本控制工作。一项作业可能涉及多个动因，尽管成本动因无需进行量化处理，但其对作业动因和资源动因的选择具有重要影响。

通过剖析成本动因，可明确生产过程中导致成本变动的相关因素，即任何引起成本变化的因素均可视为成本动因。在当前阶段，企业对成本动因的分析应涵盖结构性成本动因、执行性成本动因及作业成本动因三个方面。只有准确识别影响企业成本变动的因素，才能更好地制定决策，实现成本的科学管控。例如，企业中的产品产量、采购订单数量、客户订货单数量、设备运行时间、设备维护检修时间等，均属于作业成本动因的范畴。企业应全面、细致地分析各成本动因对成本的具体影响，以提升成本控制与管理的科学性和有效性。在进行成本动因分析时，企业需深入了解成本动因与间接费用的关联程度，并对企业生产经营过程中的价值链进行深入剖析，以确保成本动因分析的可靠性和准确性。

（四）广泛应用于深度融合信息化辅助手段

企业在运用作业成本法进行成本控制时，需大量搜集并整理成本数据，同时确保数据处理的高效性。因此，在财务管理、成本控制等关键环节，企业应高度重视信息化建设，充分发挥信息化在作业成本法应用过程中的重要辅助作用。具体而言，企业应积极完善电算化会计信息系统，开发与企业日常经营紧密相关的数据分析软件，通过网络化建设实现数据的共享与高效传递，充分发掘企业各部门在作业成本法应用及企业管理方面的潜在价值。

通过信息化建设，企业能够及时获取所需数据，满足作业成本法的日常应用需求。例如，企业应确保内部拥有统一的采购管理系统、人事管理系统、收入管理系统、资产管理系统等，并借助大数据技术、云服务技术等先进手段，将这些管理系统有机融合，形成一体化的信息管理平台。这样，财务管理部门便能通过该系统全面了解企业生产经营中各部门的日常运转情况，从而有效增强成本控制的效果。

鉴于不同企业的生产经营活动存在差异性，因此，成本核算及作业成本法在成本管理中的应用情况也会有所不同。企业在推进作业成本法应用及信息化建设的过程中，应充分考虑自身的成本动因类别、作业流程、作业环节资源使用与消耗标准、作业对象等特定因素，以确保所选择的信息化手段及成本控制体系能够符合企业的实际需求。这样，作业成本法便能在不同企业的日常管理中得到有效应用，更好地助力企业控制成本，提升竞争力。

第三节　价值链分析与成本控制

一、基于价值链分析的成本控制内涵

在价值链视角下，成本控制的核心在于确保企业的各项基本活动和支持活动能够在价值链中良性互动[①]，旨在满足客户需求并强化企业的市场竞争优势。此视角下的成本控制策略，着重于深度剖析企业运营活动的内在机理，精准识别企业内部价值链（涵盖核心价值链与辅助价值链）、横向价值链及纵向价值链各节点的成本驱动因素，进而完善并优化价值链结构，有效降低企业的成本负担。

运用价值链理论时，通过细致剖析成本特性及其差异根源，可为企业成本控制策略提供更为精确的决策依据。具体而言，内部价值链分析着重于对企业核心业务流程的精细化管控，旨在提炼并巩固企业的核心价值体系，削减非必要投资，规避资源浪费现象。纵向价值链成本控制则聚焦于对上游供应商及下游客户的成本管控，通过构建互利共赢的合作关系，甄选并携手优质合作伙伴。同时，建立健全的客户管理体系，对于促进与客户的深度互动，实现企业价值最大化具有举足轻重的作用。

横向价值链成本控制则以市场为导向，充分考虑竞争对手的价值链配置，通过对比分析企业的竞争优势与劣势，为企业量身定制发展策略。总体而言，价值链视角下的成本控制强调通过全面剖析并优化企业的各项活

---

① 张云．现代价值链理论视域下的化妆品生产成本控制研究［J］．现代商业，2022（19）：117—120.

动流程，以实现降本增效的目标。需特别指出的是，各项活动的重要性及其组织方式需依据企业所属行业的具体特征而定。不同行业的价值链结构存在显著差异，行业特性、竞争态势及技术需求等因素均会对活动的重要性及优化路径产生深远影响。因此，企业需紧密贴合行业发展趋势，灵活调整并优化其价值链布局，以全面提升竞争力并满足市场需求。系统把握并运用企业价值链理论，有助于企业在多元化的行业背景下有效实施成本控制策略。

二、价值链分析对成本控制的重要意义

在当今数字时代背景下，企业财务成本控制技术的革新与发展已成为企业持续竞争力和盈利能力提升的关键因素之一。其中，价值链分析作为一种先进的成本管理理念与方法，对于优化企业成本控制体系、提升整体运营效率具有不可估量的价值。

首先，价值链成本管理理念高度契合现代企业经营管理的复杂需求。从成本管理的宏观视角审视，企业的成本并非孤立存在，而是深深嵌入其价值创造活动的每一个环节之中。因此，价值链分析作为一种系统性的分析工具，能够深入剖析企业成本结构的内在逻辑，揭示成本发生的根源与动态变化过程。在快速变化的市场环境和日益复杂的内外部因素交织下，企业各部门间的活动相互依存、相互影响，单一活动的成本调整往往可能引发连锁反应，影响企业的整体盈利状况。传统成本管理方法因其局限性，难以准确捕捉这些错综复杂的成本驱动因素。而价值链分析则通过构建全面的成本分析框架，系统梳理各价值活动之间的内在联系，从而精准定位影响成本的关键因素，为企业的成本控制决策提供科学依据。

其次，价值链成本管理强调了一种联系与发展的管理哲学。它不再局限于对单一成本项目的孤立分析，而是依据成本分析的深层次要求，构建起一条贯穿企业全部价值活动的成本链。这条成本链将研发、生产、销售、服务等各个环节紧密相连，通过细致入微的成本效益分析，将各项活动的成本贡献逐一累加，最终勾勒出企业成本地位的全貌。更为重要的是，价

值链成本管理认识到各项价值活动之间的相互作用与制约关系，强调在成本控制过程中必须综合考虑各项活动的相互影响，避免片面追求局部成本最小化而损害整体价值最大化的目标。

最后，价值链成本管理致力于深入挖掘各成本因素的形成机制与演变过程，实现了成本控制从表面现象到本质规律的跨越。它将企业内的作业类型明确区分为增值作业与不增值作业两大类，通过层层剥茧式的价值链分析，精准识别并消除那些不创造价值的作业环节，有效减少资源浪费。具体而言，如果某项作业能够在保证产品质量的前提下，以较短的时间消耗和较低的成本投入完成，那么这项作业就被视为高效作业；进一步地，如果该作业不仅能够为企业带来直接的价值增值，还能提升顾客满意度，增强客户忠诚度，那么它就被界定为增值作业。相反，那些既消耗资源又不直接贡献于价值创造的作业，则被视为不增值作业，是成本控制中应重点削减或优化的对象。通过这样细致入微的区分与优化，价值链成本管理不仅实现了成本的有效控制，更推动了企业整体价值创造能力的提升。

三、基于价值链分析的成本控制应用策略

在数字时代背景下，企业面临着前所未有的竞争压力和市场变化，成本控制成为企业提升竞争力的关键途径。基于价值链分析的成本控制策略，为企业提供了一种全新的视角和方法来优化成本管理，以下将详细阐述其具体应用策略。

首先，依据价值链成本管理的核心理念，企业的成本管理应被视为一个动态调整、持续优化的过程，其核心在于识别并保留增值作业，同时剔除或改进不增值作业。这一过程中，企业可以灵活运用外包策略，将那些自身不具备成本优势或管理效率较低的作业环节转移给专业的外部服务商，从而降低成本、提高效率。同时，通过并购等资本运作方式，企业可以整合具有成本优势的资源，进一步拓展和优化自身的价值链。因此，我国企业应从战略层面出发，全面审视和调整自身的价值链结构，通过缩减非必

要环节、强化核心环节，实现价值链成本的整体优化。

其次，企业应高度重视内部价值链与供应商、客户价值链之间的紧密联系。在价值链体系中，不同企业可能在不同的价值活动上拥有独特的专长和优势。通过深入分析这些专长和优势，企业可以寻求与其他企业的合作与对接，实现价值链的互补和协同。这种合作不仅有助于企业充分发挥自身的优势，还能借助他人的优势来弥补自身的不足，从而达到一种博弈论上的双赢效果。例如，企业可以与供应商建立长期稳定的合作关系，共同优化供应链成本；与客户建立紧密的互动机制，及时了解市场需求变化，调整产品结构和销售策略。

最后，企业在关注内部价值链改善的同时，还必须充分考虑竞争对手的成本情况。战略成本管理的核心在于寻求企业持之以恒的竞争优势，而这种优势的获取很大程度上取决于与竞争对手的相对情况。因此，企业需要对竞争对手的价值链进行深入调查和分析，摸清其产品的差别化优势或成本优势的来源。通过借鉴竞争对手的成功经验和方法，企业可以不断提升自身的成本管理水平。同时，在这个过程中，企业还能接触到更先进的成本管理理念和技术，从而激发自身的创新活力，推动成本管理活动的持续改进和优化。

综上所述，基于价值链分析的成本控制策略要求企业从战略高度出发，全面审视和优化自身的价值链结构，同时加强与供应商、客户的合作与对接，以及密切关注竞争对手的动态变化，以不断提升自身的成本竞争力和市场竞争力。

第四节　精益成本管理理念与实践

一、精益成本管理的内涵

精益管理作为一种先进的管理理念，其核心在于以客户为焦点，致力于实现高效运营与持续优化。精益成本管理，则是将精益思想融入成本管理领域，形成的一种集战略管理、作业成本管理，以及全生命周期成本理念于一体的综合性、系统化的现代成本管理理论体系。具体而言，精益成本管理是精益管理理论在成本管理实践中的深化应用，其核心理念旨在追求供应链成本的最小化。在供应链的各个关键环节，精益成本管理强调消除那些不为客户创造价值的作业流程，彻底根除浪费现象，以此有效降低供应链的整体成本，并提升供应链的运行效率。这一管理策略不仅满足了客户日益增长的个性化和多样化需求，还极大地增强了企业的市场竞争力，推动了企业的持续发展与壮大。

精益成本管理的实施范围广泛，涵盖了从设计开发、生产制造到物流与销售等全链条环节。其核心内容具体包括：精益设计阶段的成本管理、精益采购过程的成本控制、精益生产环节的成本优化、精益物流领域的成本降低以及精益服务阶段的成本管控。在实践中，精益成本管理借助了即时化生产理念、5S 现场管理方法①、目标成本设定法，以及作业成本法等一系列先进的管理工具和方法。从财务成本分析与控制的视角来看，精益成本管理实质上是对企业成本管理活动进行精细化、精益化的改造与提升，它代表着对企业现有成本管理体系的进一步优化和完善。

二、精益成本管理的特征

在数字时代背景下，企业财务成本控制技术日新月异，其中精益成本管理作为一种先进的管理理念与实践模式，展现出了其独特的优势与特征。以下将从成本内容的全面性、成本构成的全方位性、管理目标的全局性、管理对象覆盖的广泛性，以及管理实施的全员性五个方面，对精益成本管理的特征进行深入剖析。

---

① 5S：整理（SEIRI）、整顿（SEITON）、清扫（SEISO）、清洁（SEIKETSU）、素养（SHITSUKE），又被称为"五常法则"或"五常法"。

（一）成本内容的全面性得以深化与拓展

精益成本管理在继承传统成本管理精髓的同时，紧密结合现代企业管理的实际需求，对成本内容进行了全面而深入的优化与拓展。它不仅继续关注直接成本与间接成本的合理划分，还进一步细化了成本项目，确保每一项成本都能得到精准核算与有效控制。这种全面性的提升，不仅体现在成本项目的细化上，还体现在对成本发生原因的深入分析与追溯上。通过精准核算与有效控制，精益成本管理能够更加准确地反映企业的成本状况，为企业的决策提供有力支持，帮助企业更好地把握成本控制的重点与方向。

（二）成本构成呈现全方位、多层次的特点

精益成本管理的构成要素极为丰富，构成了全方位、多层次、立体化的成本管理体系。它不仅涵盖了制造成本、销售成本等传统成本项目，还创新性地纳入了时间成本、机会成本等现代成本管理中的关键要素。这种全方位的成本构成，使得精益成本管理能够从多个角度、多个层面对成本进行全面把控。同时，精益成本管理还注重从产品整个生命周期的角度出发，对供应链各环节的成本进行精细化管理，确保成本控制的全面性与有效性。这种立体化的成本管理方式，有助于企业更好地把握成本控制的全程与全局，实现成本的最优化。

（三）管理目标兼具全局性与前瞻性

精益成本管理的目标不仅仅局限于追求企业的短期利润最大化，而是将目光投向了更远的未来，注重企业的长期价值创造。它强调提升客户价值，通过优化产品设计与服务流程，增强客户的满意度与忠诚度，从而为企业赢得更广阔的市场空间。这种全局性的管理目标，突破了传统成本管理的局限，使得精益成本管理能够更好地适应市场变化，不断提升企业的

竞争力。同时，精益成本管理还注重前瞻性的规划与预测，帮助企业提前应对市场变化，抓住发展机遇，实现企业的可持续发展。

（四）管理对象覆盖范围广泛且深入

精益成本管理在继承传统成本管理中对人、财、物的管理基础上，进一步拓展了管理对象的范围。它将时间与效率也纳入管理范畴，通过对生产流程的优化与重组，提高生产效率，降低时间成本。此外，精益成本管理还关注质量成本、环境成本等新型成本项目，实现了对成本控制的全方位覆盖。这种管理对象覆盖的广泛性，使得精益成本管理能够更加全面地把握企业的成本状况，为企业的成本控制提供有力保障。同时，通过深入挖掘成本控制的潜力与空间，精益成本管理还能够帮助企业实现成本的最优化与效益的最大化。

（五）管理实施体现全员参与和协同合作的精神

精益成本管理强调全员参与的管理理念，认为成本控制是企业全体员工的共同责任。它通过调动全员的智慧与力量，鼓励员工积极参与成本管理活动，为成本的降低贡献自己的力量。这种全员性的管理实施方式，不仅增强了员工的成本意识与责任感，还促进了企业内部的协同合作与信息共享。通过形成成本控制的合力，精益成本管理能够更有效地降低企业的成本水平，提高企业的经济效益与竞争力。同时，全员参与的成本管理方式还能够激发员工的创新精神与创造力，为企业的持续发展注入新的活力与动力。

三、精益成本管理与传统成本管理的差异

精益成本管理是以精益生产为基础，用精益生产的理念来控制企业成本，控制成本的过程更高效、更科学、更符合现代企业的经营特点，精益成本管理具备传统成本管理所没有的优势，与传统成本管理有着显著的差异，具体表现在：

（一）成本管理理念存在差异

传统成本管理秉持着价格导向的原则，以追求利润最大化为核心目标。在此价值导向和管理思维的驱使下，企业往往通过不断削减产品成本来实现利润的提升。然而，这种单一追求成本最低、利润最大的做法，容易导致企业对产品质量的忽视，同时，为了短期效益而片面节约成本，也会遏制企业在技术和产品创新方面的投入，进而使企业在激烈的市场竞争中处于劣势。

精益成本管理则汲取了传统成本管理的精髓，并在精益生产的实践中对生产流程进行了全面优化和精细化管理。它更加注重成本控制的全过程管理，将成本管理的触角延伸至产品设计和生产的各个环节。在精益成本管理的理念下，企业不再仅仅依赖于销售环节的价格调整来实现利润最大化，而是将成本控制与产品价值的增值紧密结合。通过剔除无法实现价值增值的浪费成本，同时密切关注市场需求，对产品设计和质量控制环节实施精益化管理，从而实现企业价值的最大化。

（二）成本信息质量及管控范围存在差异

传统成本管理在成本预测与核算环节，主要依赖业务部门于上一期末提供的数据进行上报，随后由财务部门据此编制本期间的成本预算。而至下一期间末，财务部门进行成本费用的归集与分配，这种事后控制的方式导致成本管理与生产实际存在明显脱节，难以对供应链各环节实施有效管理。传统成本管理的视角局限于企业内部活动，仅对直接人工、间接人工、原材料及辅料等成本要素进行控制，却忽视了外部供应链的成本控制，致使成本管理难以真实反映企业的实际运营状况。

相比之下，精益成本管理的内容更为全面且科学。它以供应链为核心，将成本管理贯穿于整个经营活动之中，强调全员参与，实现全方位的成本管控。这种管理方式使得企业在成本关键指标上的数据更为全面、准确，从而极大地提升了成本管理的经济效用。

四、精益成本管理应用实践

（一）采购成本管理

在数字时代背景下，企业财务成本控制技术的优化与创新成为企业发展的关键议题。精益成本管理作为一种先进的成本管理理念，在企业采购成本管理领域具有重要的应用价值。诸多国外学者经深入研究后指出，在企业销售收入构成中，采购成本在企业总体成本结构中占据着相当大的比例。基于此，如何科学合理地降低采购成本，已然成为企业实现总体成本有效控制的核心问题。

精益成本管理高度重视采购成本管理，将其置于关键位置，并通过一系列严谨且科学的步骤实现对采购成本的精准把控。首先，确保企业采购流程的规范化至关重要。规范化的采购流程犹如企业成本控制的基石，它能够为整个采购活动提供明确的操作指南与行为准则，有效避免因采购流程混乱而导致的成本增加。从采购计划的制定、供应商的筛选，到采购合同的签订与执行，每一个环节都应遵循既定的规范流程，确保采购活动有序进行。其次，科学决策是精益成本管理和控制采购成本的关键环节。在这一过程中，企业需将质量、价格、服务等多维度因素作为重要的控制标准。质量是企业产品的生命线，忽视质量可能导致后续的维修、退换货等成本大幅增加；价格直接影响采购成本的高低，但单纯追求低价可能牺牲质量或服务；而优质的服务则有助于保障采购物资的及时供应与使用过程中的技术支持等。因此，企业需在这些因素之间寻求平衡，并运用科学的决策方法，如成本效益分析、层次分析法等，对采购方案进行全面评估，以实现采购成本的最优控制。最后，在合适的时机按需进行合理采购，是避免采购过程中不必要浪费的重要手段。企业应充分利用数字时代的信息技术优势，实时监控市场动态与企业自身的库存及生产需求情况。借助大数据分析、供应链管理系统等工具，精准预测物资需求，在确保生产经营活动顺利进行的前提下，避免过度采购或采购不及时的情况发生。只有这样，才能有效降低库存成本、缺货成本等，从而实现采购成本的精细化管理。

（二）设计成本管理

在精益成本管理的框架下，设计成本管理成为提升企业产品竞争力、优化成本结构的关键环节，对产品最终成本有较大影响，凸显了产品设计阶段在成本管理中的重要性，意味着企业必须从产品设计研发的初始阶段就着手进行成本控制，以确保产品在整个生命周期内的成本竞争优势。

精益成本管理在设计成本管理中的应用，主要体现在以下几个具体管理步骤上：

第一步，新产品研发规划与成本核算的同步进行。精益成本管理强调前瞻性与预见性，要求企业在新产品研发的初期阶段，就应将成本核算纳入规划范畴。通过同步进行研发规划与成本核算，企业能够更准确地预估新产品的成本水平，为后续的成本控制提供有力依据。

第二步，以产品结构为切入点，进行有效分解与目标成本核算。产品结构是产品成本构成的基础，精益成本管理要求企业以产品结构为出发点，将其细分为若干个组成部分或成本要素。在此基础上，借助目标成本法，对每一个环节进行细致的成本核算，确保成本控制的精准性与全面性。

第三步，产品研发过程的分解与数据分析。精益成本管理注重数据的运用与分析，要求企业将产品研发过程分解为若干个关键节点或阶段。在每个节点或阶段结束后，结合目标成本进行数据分析，评估实际成本与目标成本的差异，为后续的成本控制提供数据支持。

第四步，针对不足采取价值链分析法，研讨降低成本的有效措施。在数据分析的基础上，精益成本管理要求企业针对发现的成本不足或超支情况，运用价值链分析法进行深入探讨。通过价值分析，企业能够识别出产品设计中存在的非增值环节或成本浪费点，并据此研讨出合理且有效的降低成本的措施。这些措施的实施，将有助于确保目标成本的实现，提升产品的成本竞争力。

（三）生产成本管理

在生产过程中，成本管理是企业控制成本、提升效益的关键环节。其核心在于避免产品生产期间一切不必要的支出和浪费，确保资源的有效利用和成本的最小化。精益成本管理作为一种先进的成本管理理念，为生产成本管理提供了全新的视角和方法。在生产成本管理方面，精益成本管理主要通过以下三个方面进行深入实践和优化：

第一，通过改良生产技术实现成本的减少。生产技术是企业生产过程中的核心要素，它不仅包括固有的操作技术，还涵盖了一系列管理技术。精益成本管理强调对生产技术的全面优化和提升，要求技术人员能够熟练操作相关设备，确保人力资源的高效利用，避免不必要的人力浪费。同时，精益成本管理还注重材料和备件的合理使用，要求企业在生产过程中严格控制材料和消耗品的消耗，减少浪费，降低生产成本。与传统成本管理方式相比，精益成本管理在生产成本中的优势主要来源于对管理技术的合理把控和持续优化，通过不断提升生产技术和管理水平，实现成本的有效降低。

第二，合理开展价值工程与功能分析。价值工程是一种将技术与经济相结合的管理方法，它旨在通过功能分析，以最低的总成本可靠地实现产品或作业的必要功能，从而提高产品或作业的价值。精益成本管理充分借鉴了价值工程的思想，要求企业在生产过程中，既要保障产品的必要功能，又要尽量减少成本支出。通过价值工程与分析，企业可以识别出产品生产过程中存在的非增值环节或成本浪费点，并据此提出改进方案，实现成本的合理控制。

第三，确保精益生产的全面实施，避免所有浪费。精益生产是一种追求极致效率的生产方式，它强调对生产过程中的每一个环节进行精细化管理，消除一切浪费，提高生产效率。精益成本管理要求企业全面实施精益生产，不仅需要管理层的精心管控和决策支持，还需要基层员工的全力配合和积极参与。在实施精益生产的过程中，企业要对生产技术、管理等环节进行严格要求，确保每一个环节都符合精益生产的标准和要求。同时，企业还要加强员工的培训和教育，提高员工的精益意识和执行力，确保全体人员能够自觉执行精益生产的各项规定和流程。只有满足这些条件，企业才能真正实现生产过程的精益化管理，降低生产成本，提升竞争力。

（四）物流成本管理

在企业成本管理的宏大图景中，物流成本作为一项重要组成部分，其占比之高，尤其在制造业和零售业中表现得尤为突出。物流成本包含物流过程中的各个环节，如运输、存货、仓库和与之相关的管理费用等。要实现物流成本的精益化管理，就要在确保客户价值需求的前提下，尽最大努力将物流成本降到最低。物流成本的精益化管理也需要精益物流的参与。[①]精益物流，作为一种以客户为中心的物流管理理念，其核心在于从客户的角度出发，敏锐地发现问题，并对物流过程中的各个环节进行细致入微的分析。这种分析旨在揭示那些隐藏在物流流程中的不必要支出和浪费，为后续的改进和优化提供明确的方向。

在具体实践中，精益物流要求企业首先对物流过程中的每一个环节进行全面的梳理和评估。这包括运输路线的选择、存货量的控制、仓库布局的优化及管理费用的合理化等。通过这一系列的分析，企业能够清晰地识别出哪些环节存在浪费，哪些环节有潜力进行成本削减。接下来，企业需要制定出科学的改进方案，以创造最高的价值。这些方案应该既符合精益管理的原则，又能够切实解决物流过程中存在的问题。例如，通过优化运输路线，减少运输过程中的空驶和等待时间；通过实施先进的存货管理系统，降低库存水平，减少资金占用；通过改进仓库布局，提高仓储效率，降低仓储成本等。同时，对于已经发现的浪费环节，企业需要采取果断措施进行合理消除。这可能涉及流程的重构、技术的升级或者管理的创新等

---

① 孙鸿飞，彭莹莹. 在热电联产企业中精益成本管理的评价指标及应用对策［J］. 中小企业管理与科技（上旬刊），2021（4）：28—29.

多方面。只有通过这些具体的行动，企业才能真正实现物流成本的精益化管理。最后，值得强调的是，物流成本的精益化管理并不是孤立存在的，它需要与物流活动本身紧密结合。只有将精益物流成本管理与物流实践相融合，才能确保物流活动的高效、准时、低耗、迅速和准确完成。这要求企业在物流管理的每一个环节都贯彻精益理念，不断优化流程，提高效率，降低成本，最终实现物流成本的精益化管理目标。

（五）服务成本管理

在数字时代，精益服务成本管理聚焦于以实现客户价值需求为导向，力求达成服务成本的最低化。服务成本作为企业运营过程中不可或缺的一项支出，其核心作用在于通过提供优质的售前、售中和售后服务，增强客户对企业的信任度，进而巩固和拓展市场份额。伴随市场环境的不断演变，现代企业面临着日益严苛的要求，客户需求的多样化与个性化趋势愈发显著。在此背景下，企业对客户诉求的重视程度与日俱增，这使得服务成本在企业成本管理体系中的地位愈发关键。

所谓服务成本管理的精益化，旨在确保客户满意度达到既定标准的前提下，将服务成本精准控制在最低水平。具体而言，这意味着企业在运营过程中，一方面要全方位满足并充分尊重客户的各类合理需求，从客户咨询产品信息的售前阶段，到产品交付过程中的售中环节，再到产品使用后的售后保障，每一个环节都要以客户为中心，提供贴心、周到的服务；另一方面，要对服务流程进行深度剖析与优化，识别并消除其中可能存在的不必要资源浪费。例如，通过优化客户服务热线的排班制度，提高服务人员的工作效率，避免人力成本的冗余；利用数字化技术实现售后服务的智能化诊断与远程协助，减少现场服务的频次与成本，从而在实现客户满意与成本控制之间达成最佳平衡。

第五节　环境成本与社会责任成本控制

一、环境成本

（一）环境成本的内涵

环境成本，作为一个融合了经济学与环境学概念的术语，其在企业财务成本控制领域中的地位日益凸显。具体而言，环境成本是指在某一特定商品或服务的全生命周期过程中，即从原始资源的开采、生产加工、物流运输、消费者使用，直至产品回收与最终处理这一系列环节中，为应对和解决因生产活动所引发的环境污染问题及生态破坏现象所需承担的全部经济费用。这一定义不仅涵盖了直接因环境治理而产生的支出，如污染治理设施的建设与运行费用、排污费、环境修复费等，还隐含了因环境法规遵循而调整生产工艺、采用环保材料所增加的间接成本。

在数字时代背景下，随着全球对可持续发展理念的共识加深，环境成本已成为企业财务成本控制策略中不可或缺的一部分。它要求企业在追求经济效益的同时，必须充分考虑其经营活动对自然环境的影响，将环境保护视为企业社会责任的重要组成部分。环境成本的有效管理与控制，不仅关乎企业的长远发展，也是响应国家环保政策、提升企业形象、增强市场竞争力的关键因素。因此，如何在保证产品质量与生产效率的前提下，通过技术创新、流程优化等手段合理降低环境成本，成为当前企业财务成本控制技术研究的重点方向之一。这不仅要求企业具备精准的成本核算能力，还需运用大数据、云计算等现代信息技术手段，实现环境成本的实时监控与智能化管理，从而在保障生态环境的同时，促进企业经济效益与环境效益的双赢。

（二）环境成本的分类

1.环境破坏成本

环境破坏成本，从本质上来说，是企业在生产产品的过程中，由于向外界环境排放大量污染物，从而对环境造成负担，进而需要支付的一种代价。以化肥行业为例，该行业作为典型的重污染行业，其生产经营活动会释放出大量的污染物，其中包括硫化物、工业废水及颗粒排放物等。这些污染物的排放，无疑会对周边的生态环境造成严重的破坏，而由此所产生的一系列成本，便构成了环境破坏成本。随着我国环保意识的不断增强与环保政策的日益完善，国家针对此类环境破坏行为，已出台相关政策并实施收费举措，如征收环保税。环保税的征收，旨在通过经济手段，促使企业重视环境破坏问题，减少污染物排放，从而降低环境破坏成本。

2.环境预防成本

环境预防成本，是指企业为了有效防止环境污染事件的发生，在生产经营活动开展之前或过程中，主动采取一系列预防措施所支付的代价。例如，企业为了显著减少生产过程中的污染排放，积极引进先进的环保设备，这些设备的购置、安装及后续维护费用，均属于环境预防成本的范畴。同时，企业为了提高原材料的利用率，降低因原材料浪费而可能导致的环境污染风险，投入资金进行技术研发，这部分研发费用同样也构成了环境预防成本。通过增加环境预防成本的投入，企业不仅能够降低未来可能面临的环境风险与治理成本，还能提升自身的社会形象与可持续发展能力。

3.环境治理成本

环境治理成本，是指企业对已经被污染的环境进行恢复与治理所必须付出的代价。在我国严格执行环保政策的大背景下，对于那些产生环境污染的企业，明确要求其对被污染的区域进行有效治理。企业在治理污染过程中所发生的各项费用，如复垦费，即对因生产活动造成土地破坏后进行复垦恢复的费用；绿化费，即为改善被污染区域生态环境而进行绿化工作所产生的费用等，都归属于环境治理成本。环境治理成本的支出，体现了企业对环境破坏后果的责任承担，同时也是企业履行社会责任、实现可持续发展的必要举措。

（三）环境成本控制策略

1.战略融合：将环境保护深度嵌入长期发展战略

在当今社会，环境保护已成为企业发展不容忽视的重要议题。企业应充分认识到，追求经济效益与履行环境保护责任并非相互矛盾，而是相辅相成的关系。因此，企业需将环境保护纳入长期发展战略的核心位置，从战略高度规划企业的生产经营活动。这意味着在制定战略目标、布局业务领域及规划发展路径时，要充分考量环境因素，确保企业在追求经济增长的每一步，都能兼顾环境保护，实现经济与环境的协调发展。通过这种方式，企业不仅能够顺应时代发展的潮流，还能为自身的长期稳定发展奠定坚实基础。

2.协同合作：强化与供应商及合作伙伴的环保协作，构建绿色供应链

在现代企业的运营模式中，供应链的环保性对于企业整体环境成本控制至关重要。企业应积极加强与供应商、合作伙伴的环保合作，共同打造绿色供应链。具体而言，在选择供应商时，除了考虑传统的成本、质量等因素外，还需将供应商的环保表现纳入重要评估指标。通过与环保意识强、环保措施得力的供应商建立长期稳定的合作关系，确保原材料的采购环节符合环保标准。同时，与合作伙伴共同开展环保项目，共享环保技术与经验，推动整个生产链各个环节的环保升级。通过构建绿色供应链，企业能够实现从原材料采购到产品销售全过程的环保优化，有效降低环境成本。

3.技术驱动：持续加大研发投入，引进先进环保技术与设备

技术创新是企业提升资源利用效率、减少废弃物和污染物排放的关键驱动力。企业应持续加大在环保领域的研发投入，一方面，鼓励内部研发团队开展针对性的技术研发，探索适合企业生产特点的环保技术解决方案。另一方面，积极关注行业前沿动态，引进国内外先进的环保技术和设备。例如，采用新型的清洁生产技术，能够在生产过程中最大限度地减少对环

境的负面影响；引进高效的废弃物处理设备，可提高废弃物的回收利用率，降低废弃物排放对环境造成的压力。通过技术驱动，企业能够在提高生产效率的同时，实现环境成本的有效控制。

4.制度保障：建立健全严格的环保管理制度

严格的环保管理制度是确保企业各项环保措施有效执行的重要保障。企业应建立一套完善的环保管理制度，制定详细且具有可操作性的环保标准和操作规范。这些标准和规范应覆盖生产过程的各个环节，从原材料的储存、使用到产品的生产、包装，每一个步骤都应有明确的环保要求。同时，设立专门的环保监控部门，配备专业人员，运用先进的监测技术和设备，对生产过程进行实时监控。一旦发现不符合环保标准的行为，及时采取纠正措施，并对相关责任人进行严肃处理。通过这种严格的监控和管理机制，确保企业生产活动始终符合环保要求，将环境成本控制在合理范围内。

5.意识提升：定期开展环保培训与宣传活动，增强员工环保意识

员工是企业生产经营活动的直接参与者，其环保意识的高低直接影响企业的环保工作成效。因此，企业应定期开展环保培训和宣传活动，提升员工对环保工作重要性的认识。培训内容可以涵盖环保法律法规、环保技术知识及企业内部的环保制度和操作规范等方面。通过系统的培训，使员工深入了解环保工作与自身工作的紧密联系，掌握必要的环保技能。同时，通过多样化的宣传活动，如环保主题讲座、海报宣传、环保知识竞赛等，营造浓厚的企业环保文化氛围，增强员工的环保意识和责任感。使员工在日常工作中，能够积极主动地参与环保工作，从细微之处为企业的环境成本控制贡献力量。

二、社会责任成本

（一）社会责任成本的内涵

企业社会责任成本这一概念，其渊源可追溯至 19 世纪初期，由著名瑞士经济学家西斯蒙第在其经典著作《政治经济学新原理》中首次提出。在

该书中，西斯蒙第阐述了企业作为一种营利性经济组织的本质，并强调企业在追求持续盈利的过程中，必须兼顾并履行其应承担的社会责任。他明确指出，企业不仅仅是一个追求经济利益的实体，更应在获取经济利益的同时，主动承担起对社会的相应责任。这些责任涵盖了多个方面，其中尤为重要的是对员工生命财产安全的保障，以及对因企业经济活动而造成环境污染或破坏的补偿等。西斯蒙第的这一观点，实质上强调了企业应对其经济活动所产生的对他人或社会的负面影响承担相应的成本费用。

随着时间的推移，企业社会责任成本这一概念逐渐受到学术界和实务界的广泛关注。在我国，众多学者也对此进行了深入的探讨和研究。然而，尽管研究成果颇丰，但对于社会责任成本的确切概念、内容构成及分类等问题，学术界至今仍未达成一致共识。这导致企业社会责任成本的理论体系尚未完全建立，缺乏科学性和系统性。

鉴于此，本小节在综合现有研究成果的基础上，尝试对企业社会责任成本的概念进行更为明确和全面的界定。本小节通过汇总分析，将企业社会责任成本的概念定义为：企业在满足自身利益最大化的前提下，对所有利益相关方履行经济责任、法律责任和道德责任等所产生的成本费用支出。[①]这一定义不仅涵盖了企业因经济活动而对他人或社会造成的负面影响所产生的成本，还包括了企业为履行其社会责任而主动投入的各种资源，如环保投入、公益捐赠等。通过此定义，我们可以更全面地理解企业社会责任成本的内涵，为企业在数字时代背景下更好地进行财务成本控制提供理论支持和实践指导。

（二）社会责任成本的主要内容

1.环境成本

环境成本，作为企业社会责任成本的重要组成部分，是企业基于对环境负责的原则，在管理其经营行为对环境影响过程中所发生的各类支出。这一成本不仅涵盖了企业因执行环境法规要求而产生的直接费用，还包括

---

① 佟思瑶.企业社会责任成本研究［J］.中外企业家，2013（27）：48—50.

了因生产经营活动导致环境污染所引发的损失，以及企业未履行环境保护义务而可能逃避的必要环境污染控制开支。环境成本包括但不限于处理废水、废气、废渣等废弃物所发生的支出。这些支出是企业为了减少污染物排放，保护生态环境而必须承担的经济负担。同时，为了使某种有害物质的排放量降低到法律规定的范围内，企业可能需要采取一系列的技术措施和管理手段，这些措施和手段所产生的费用也同样属于环境成本的范畴。

在可持续发展观的引领下，企业越来越注重清洁生产和资源的循环利用。为了实现这一目标，企业可能需要投入更多的资金用于研发环保技术、改进生产工艺、提高资源利用效率等。这些因清洁生产和循环利用废物而发生的成本，同样应被计入环境成本之中。因为它们是企业履行环保责任、推动可持续发展所必须承担的经济责任，也是企业社会责任成本不可或缺的一部分。

2.自然资源成本

自然资源成本，作为企业社会责任成本的另一重要构成部分，是指在我国境内的企业，因开采和使用自然资源而向资源所有者支付的费用。这一成本体现了资源作为生产要素有偿使用的经济原则，是资源价值在货币形态上的具体表现。

自然资源成本可以进一步细分为资源开采开发成本和资源产品使用成本。资源开采开发成本主要指的是企业在开采和开发自然资源过程中所发生的各种费用，如勘探费用、开采设备折旧费用、开采人员工资等。而资源产品使用成本则是指企业在使用自然资源所生产的产品过程中所发生的成本，如原材料成本、加工费用等。特别地，土地作为一种重要的自然资源，企业在使用时需要向其所有者（通常为国家）支付一定的使用费，这部分费用也应纳入自然资源成本的范畴。土地的使用成本可能包括土地出让金、土地使用税、土地租金等。

在循环经济的理念下，企业越来越注重降低作业过程中的能耗，以及减少耗用稀有及不可再生资源。为了实现这一目标，企业可能需要投入更多的资金用于研发节能技术、改进生产工艺、寻找替代资源等。这些因降低能耗和减少资源耗用而发生的成本，同样应被计入自然资源成本之中。

因为它们是企业履行资源节约责任、推动可持续发展所必须承担的经济负担，也是企业社会责任成本的重要组成部分。

3.自然资源成本

人力资源成本，作为企业社会责任成本的又一关键要素，是指企业为发展、维护和提升人力资源所发生的各种耗费与支出。这一成本不仅体现了企业对员工的直接经济投入，也反映了企业对员工社会责任的承担。

人力资源成本的表现形式多种多样，其中包括对员工的招募录用费用。这是企业为了吸引和选拔合适的人才所投入的成本，包括招聘广告费用、面试费用、选拔测试费用等。此外，劳动报酬是人力资源成本的主要组成部分，它包括了员工的基本工资、奖金、津贴等直接薪酬，以及员工福利、社会保险等间接薪酬。集体福利也是人力资源成本的重要组成部分，反映了企业对员工生活质量的关注和提升。企业可能会提供员工食堂、宿舍、健身房等设施，以及组织员工旅游、团建等活动，这些都需要投入一定的成本。教育培训支出同样是人力资源成本中不可忽视的部分。企业为了提升员工的专业技能和综合素质，可能会组织各种培训课程和学习活动，这些都需要投入相应的资金和时间。最后，职工社会统筹保障金也是人力资源成本的重要组成部分。企业按照国家规定为员工缴纳社会保险费，如养老保险、医疗保险、失业保险等，这些费用都是企业对员工未来生活的一种保障和承诺。

4.消费者责任成本

消费者责任成本，作为企业社会责任成本体系中的一个重要环节，指的是企业在对现实和潜在的使用其产品或劳务的顾客履行相应责任和义务的过程中所发生的各项耗费与支出。这一成本不仅体现了企业对消费者权益的尊重和保护，也反映了企业在市场竞争中追求长期可持续发展的战略眼光。

消费者责任成本的具体表现形式多种多样。其中，对产品的使用和维护进行指导和培训是一项重要支出。企业为了确保消费者能够正确使用产品，充分发挥其性能，往往会提供详细的使用说明书、操作指南，甚至组织专门的培训课程。这些都需要企业投入一定的人力、物力和财力。此外，当产品寿命终了时，协助消费者进行报废和无害化处理也是企业应承担的责任。随着环保意识的增强和法规的完善，企业对产品的全生命周期管理越来越重视。在产品报废阶段，企业需要投入资源来回收、处理废旧产品，确保其对环境的影响降到最低。

从现代成本的观点来看，消费者责任成本可以视为产品设计成本链和销售成本链向客户的延伸。在产品设计阶段，企业就需要考虑产品的易用性、可维护性、环保性等因素，这些都会增加产品的设计成本。而在销售阶段，企业为了提供更好的客户服务，可能会增加售后服务网点、延长保修期限等，这些都会增加销售成本。但这些都是企业为了履行对消费者的责任和义务所必须承担的成本，也是企业提升品牌形象、增强客户忠诚度的重要途径。因此，企业在经营管理过程中应充分认识到消费者责任成本的重要性，将其纳入企业社会责任成本体系中进行统一管理和控制。通过不断优化产品设计、提升服务质量、加强客户沟通等方式，降低消费者责任成本，实现企业与消费者的共赢发展。

5.社区公益成本

社区公益成本，作为企业社会责任成本的一个重要组成部分，指的是企业为社区及公共事务、公益事业和社会福利事业所发生的各项耗费和支出。这一成本不仅体现了企业对所在社区和社会的责任感，也是企业积极履行社会责任、回馈社会的一种具体表现。

社区公益成本的具体内容涵盖了多个方面。其中，企业美化社区环境的支出是一项重要的公益投入。企业可能会投入资金用于社区绿化、清洁、美化等工程，以提升社区的整体环境质量和居民的生活品质。此外，企业还会为公共交通、市政建设、医疗保健等公共事业提供人、财、物的支持。例如，企业可能会资助公共交通设施的建设和维护，参与市政项目的投资和开发，或者为医疗保健机构提供资金、设备或医疗物资等支持，以助力公共事业的发展和进步。同时，企业对希望工程、灾区的捐赠和赞助也是社区公益成本的重要组成部分。当社会面临自然灾害或贫困地区需要援助时，企业往往会伸出援手，提供资金、物资或人力支持，帮助受灾地区或贫困地区渡过难关，重建家园。

6.其他责任成本

在数字时代背景下，企业所肩负的社会责任范畴不断拓展，相应的成本构成亦呈现出更为复杂的态势。其中，其他责任成本作为企业社会责任成本体系中的重要组成部分，涵盖了企业面向多方利益相关者所衍生的一系列成本支出。这部分成本涉及企业对国家、企业所有者及债权人等主体所承担的责任成本。首先，税务成本是其中关键的一项，表现为年税费总额。传统的财务会计体系已对其展开了较为详尽的核算，这些核算工作为企业清晰掌握自身在税务缴纳方面的成本支出提供了坚实的数据基础。其次，企业长期发展成本亦不容忽视，以研发费用为典型代表。在数字时代，科技日新月异，企业为保持核心竞争力，持续投入研发资源，这部分成本不仅关乎当下企业的创新能力，更是决定企业未来市场地位的关键因素。再者，诉讼费用亦归属于其他责任成本范畴。随着市场环境的日益复杂，企业在运营过程中难免遭遇各类法律纠纷，由此产生的诉讼费用，无论是在经济层面，还是对企业声誉等无形资产方面，都可能产生深远影响。这些不同类型的其他责任成本，共同构成了企业社会责任成本中不可或缺的一部分，对企业的财务成本控制策略与实践产生着持续性的影响。

（三）社会责任成本管理策略分析

1.明确企业社会责任成本的计量主体

在数字时代背景下，企业积极履行社会责任已成为业界普遍认同的理念。针对企业社会责任成本的计量问题，明确计量主体是首要任务。企业作为经济活动的直接参与者，自行承担成本计量工作，不仅能够有效降低计量成本，还有助于提升管理效率。这一做法在实践中具有较高的可操作性。

同时，考虑到计量工作的主动性和准确性，引入承受方作为计量主体的辅助思路亦值得借鉴。以环境成本管理为例，相关学者提出将其细分为符合性成本与非符合性成本两类。前者指企业为达到环境保护标准所支出的成本，后者则指因未达到标准而造成损失后所需承担的弥补成本。实践中，企业往往对非符合性成本的承担缺乏主动性。因此，由承受方负责计量非符合性成本，并由施加方承担相应责任，这一策略具有一定的合理性。当然，为确保计量和承担过程的公平合理，还需建立健全相应的机制予以保障。

2.计量主观性与结果模糊性问题的解决

社会责任成本研究对于实践具有重要价值，然而，社会成本信息的高度关联性，以及计量过程中存在的主观性和结果模糊性，为社会责任成本的准确计量带来了挑战。为有效解决这些问题，需采取以下策略：

首先，应从制度层面入手，建立和完善相关的法律体制及产权制度。通过制度明确企业经济行为的社会责任与义务，规范企业的运营行为，为社会责任成本的计量提供坚实的制度保障。其次，应加强社会责任成本的理论研究。通过设定科学合理的原则，逐步减少社会责任成本计量过程中的主观性和结果模糊性。建立公认的成本假定和原则体系，为计量工作提供明确的指导。最后，应充分利用现代科技手段，采用科学的计量方法和技术，如运用数量化评估方法、模糊判断技术、数理统计方法及计算机技术等，对企业的社会责任成本进行准确计量和全面反映。这些现代科技手段的应用，将有助于提高计量工作的准确性和效率，为企业的社会责任成本管理提供有力支持。

3.合理地补偿社会责任成本

在探讨社会责任成本的补偿问题时，需依据不同成本类型和特性，采取差异化的补偿形式和要求。社会责任成本的划分应遵循受益与动机相结合的原则，避免将所有具有社会外部性的企业行为成本一概视为社会责任成本，而应做出合理区分。以企业对员工的培训为例，若培训动机旨在提升员工适应工作岗位的能力，即便培训客观上提升了社会公民素质，也不应将其视为企业承担了社会责任。此外，社会责任成本的补偿程度亦需细致考量。由于企业道德水平各异，所承担的社会责任自然有所不同。部分企业仅愿意承担最基本的社会责任，对此，相关部门应加强监督，确保其履行基本义务；而对于那些自觉承担更多社会责任的企业，则应给予相应的奖励和鼓励。以环境责任成本为例，企业仅满足环保基本要求所产生的成本，应计入其产品成本进行补偿。而若企业在满足基本要求的基础上，进一步研发降低污染物排放技术，减少污染，这部分成本则可视为社会责任成本，并应获得更为合理的补偿。因此，建立合理的社会责任成本补偿机制，对于激励企业积极履行社会责任具有重要意义。

4. 厘清社会责任成本管理的核心理念与路径

社会责任成本的引入，为传统企业成本核算与管理带来了全新的视角与调整方向。企业成本核算与管理的核心目的在于为决策提供支持，助力企业优化运营。在传统成本管理框架下，成本效益分析是评估决策利弊的关键工具。然而，社会责任成本的核算与管理则向传统框架提出了新挑战，即如何精准确定企业在承担社会责任时，其边际成本与边际效益的均衡点，以实现企业价值的最大化。尽管实证研究已揭示企业承担社会责任与企业绩效之间的正相关关系，但企业追求价值最大化并不意味着需无限度地承担社会责任，其边界仍需明确界定。因此，这要求管理会计人员不仅须具备丰富的实践经验，还需掌握超越传统会计分析的方法论。他们需制定更为精确的预算，并有效实施，以在承担社会责任的同时，为企业创造更多价值。这标志着社会责任成本管理需秉持一种全新的核心理念与路径，以适应数字时代背景下企业发展的新需求。

第四章　数字化工具在企业财务成本控制中的应用

第一节　ERP系统在成本控制中的角色

一、ERP的内涵

企业资源计划（Enterprise Resource Planning，以下简称 ERP）是 20 世纪 60 年代初由美国加特纳公司提出的一种新型管理理念，它的出现可以将企业生产经营流程中的各个领域进行浓缩结合，基于信息系统对生产的各环节进行全面管理，同时，信息系统中良好的信息反馈机制能够为管理者提供较为及时准确的决策依据，是一种符合现代化建设理念的先进管理模式。对于 ERP 的具体解释，可以从下面的几方面进行阐述。

首先，ERP 是一种先进的管理思想。在多数人的意识里，ERP 是在企业管理中被工作人员使用的工具软件，但是实质上 ERP 是企业经营流程的思想，管理人员通过将使用的管理思想纳入 ERP 系统中，将管理理念利用 ERP 为载体，通过信息系统的方式具体展现出来用于企业管控。其次，ERP 系统是以供应链作为主要管理对象的控制体系。通过国内外对于 ERP 系统的多年研究和实际运用，学者们发现 ERP 系统更加适应进行企业的供应链管理，并且管理效果相对于其他管理方式效果更加明显。通过 ERP 系统的使用能够对企业生产经营流程中的资源消耗进行合理分配，优化企业生产结构，让供应链各环节得到更多联系，从整体角度提高企业生产竞争力。最后，需要说明的是，ERP 是企业所使用的管理服务体系，在实际运用中需要结合企业情况进行改善维护，与企业情况相符合的 ERP 系统更能凸显使用效果。

二、基于ERP系统成本控制的优势

（一）增强成本控制的统一性与前瞻性

在数字时代背景下，ERP 系统作为一种先进的数字化管理工具，在企业财务成本控制中发挥着举足轻重的作用，其首要优势在于能够显著提高成本控制的统一性。ERP 系统通过集成企业内外部的各类数据信息，构建起一个全面、实时的信息共享平台。在这一平台上，企业可以对研发工作中可能发生的各种情况进行科学、合理的预测。这不仅有助于企业提前规划资源分配，还能有效规避潜在的风险点。同时，ERP 系统还能够对已经获得的研发成果进行系统化的管理，确保数据的准确性和完整性。通过对客观因素的精准筛选和判断，企业可以更加灵活地应对市场变化和意外变故，确保成本控制工作的稳定性和有效性。在研发工作结束后，ERP 系统还能对结果进行自动补充和完善，进一步提高研发成果的完整性和实用性，为企业的后续决策提供有力支持。

（二）实现生产资源的精细化整合与配置

在传统的成本控制模式中，企业对生产成本的探究往往依赖于人工操作，这不仅工作效率低下，还容易浪费大量的人力和物力资源。然而，在引入 ERP 系统后，这一状况得到了显著改善。ERP 系统能够对企业石料开采等生产环节进行精细化的控制和管理，通过实时监控生产过程中的各项数据指标，及时发现并解决潜在的问题点。同时，系统还能根据市场需求和生产成本的变化情况，自动调整生产计划和资源分配方案，确保生产成本始终控制在合理的范围内。这种精细化的资源整合方式不仅提高了生产效率，还大大降低了企业的成本支出，为企业的可持续发展奠定了坚实基础。

（三）优化销售流程，提升成本管理效益

ERP 系统在销售流程优化方面同样展现出显著的优势。通过充分利用企业的各项社会资源，ERP 系统能够实时探知市场变化的动向，为企业制定科学的销售策略提供有力支持。在销售过程中，ERP 系统能够规范销售和营销流程，确保各项业务的合规性和高效性。同时，系统还能对销售过程中的各项费用支出进行严格的监控和管理，减少不必要的经济支出。这种精细化的成本管理方式不仅有助于企业实现成本管理的目标，还能进一步提升企业的市场竞争力和盈利能力。因此，在数字时代背景下，企业应积极引入 ERP 系统等数字化工具，以优化销售流程、提升成本管理效益为突破口，推动企业实现高质量发展。

三、ERP系统在成本控制中的应用

（一）成本预算和成本差异分析

ERP 系统作为一种集成化的信息管理工具，在成本控制领域发挥着举足轻重的作用。特别是在成本预算和成本差异分析方面，ERP 系统的应用极大地提升了企业财务管理的效率和准确性。ERP 系统通过设立相应的成本中心，将企业发生的各项成本费用进行细致入微的记录和分类核算。这些成本数据在产生后，能够即时或按照预设的时间周期，成批地传输至产品成本模块及获利分析模块等关键处理环节。这一过程实现了成本数据的实时共享和高效利用，为企业的成本控制提供了坚实的数据基础。

相较于传统的成本核算方式，ERP 系统下的成本控制和成本预算差异分析展现出了显著的优越性。在传统模式下，成本差异的计算和分析往往需要人工逐项进行，不仅耗时费力，而且容易出错。而在 ERP 系统中，这一过程实现了自动化和智能化。系统能够自动生成成本预算与实际成本的

差异，并根据不同的时间维度（如日、周、月、季）、地点（如不同分公司、仓库）、部门（如生产部门、销售部门）和产品类别等，进行多维度、全方位的分析。

这种智能化的差异分析方式，不仅使得企业能够及时发现成本控制中的问题，采取有效的预防和控制措施，还能够对成本差异产生的原因进行追溯，明确责任划分。这有助于企业全面掌握成本控制的实际情况，为后续的决策和管理提供有力的支持。同时，ERP系统的灵活性和可扩展性，也使得企业能够根据自身的业务需求和管理特点，定制化的设置成本预算和差异分析的规则和流程，进一步提升成本控制的针对性和有效性。

（二）成本数据收集

在ERP系统的框架下，成本数据收集是企业财务成本控制中不可或缺的一环，其中订单和项目会计扮演着至关重要的角色。这一模块不仅涵盖了订单成本结算的详细操作规程，还通过全面网络化的管理会计系统，实现了对订单与项目成本的精准把控和实时监控。订单和项目会计系统能够系统地收集与订单和项目相关的各类成本数据。这些数据包括但不限于直接材料成本、直接人工成本、间接费用及其他相关支出。系统通过预设的成本收集规则和流程，确保数据的准确性和完整性，为后续的成本核算和分析提供可靠的基础。

更为重要的是，该系统将计划成本与实际结果进行了有效的对比。通过这一对比过程，企业可以清晰地了解到订单和项目的成本执行情况，及时发现偏差并采取相应的调整措施。这种实时监控的机制，有助于企业及时应对市场变化和业务需求的变化，确保成本控制目标的实现。

此外，系统还提供了备选的成本核算及成本分析方案。这些方案根据不同的业务场景和管理需求，为企业提供了灵活多样的成本核算和分析方法。企业可以根据自身的实际情况，选择最适合的方案进行成本核算和分析，从而优化对业务活动的计划与执行。这不仅提高了成本控制的针对性和有效性，还为企业决策提供了更加准确和全面的成本信息支持。

（三）成本核算

成本核算作为企业财务管理的核心环节，对于掌握成本结构、明确成本要素以及监控运营过程具有至关重要的作用。在 ERP 系统的支持下，成本核算不仅实现了过程的自然流畅与高度精确，更赋予了企业前所未有的灵活性和深度分析能力。

ERP 系统下的成本核算功能，能够全面覆盖企业的各个成本领域，对成本结构进行细致入微的剖析。无论是直接成本还是间接成本，系统都能准确记录并归类，确保成本数据的完整性和准确性。同时，系统还具备强大的监控功能，能够实时追踪运营过程中的成本变动，及时发现并预警潜在的成本超支风险。尤为值得一提的是，ERP 系统支持成本模拟估算功能。这一功能允许企业根据不同的假设条件和管理目标，对成本进行模拟计算，从而为企业运营过程的优化提供有力的数据支持。通过成本模拟估算，企业可以预见到不同决策方案下的成本变动情况，为决策制定提供科学依据，降低决策风险。

此外，ERP 系统下的成本核算还具有极高的灵活性。系统可以根据不同的管理目的和成本核算对象，计算出成本管理者所期望获得的所有可能的成本数据。这些成本数据不仅精确完整，而且能够随时与目标成本、标准成本、历史成本及同行业水平等进行比较分析。通过这种全方位的比较分析，企业可以深入了解成本的具体内容和项目变化的原因，为企业管理者全面掌握企业的成本信息提供重要的依据。这有助于企业及时发现成本控制中的薄弱环节，采取有针对性的改进措施，不断提升成本管理的水平和效率。

（四）获利能力分析

在激烈的市场竞争中，企业如何准确判断哪一类产品或市场能够带来最佳效益？一个特定订单的利润究竟是如何构成的？这些问题对于企业的战略规划和日常运营至关重要。获利能力分析模块，作为 ERP 系统中的重要组成部分，正是为了解答这些关键问题而设计的。

获利能力分析模块通过深入剖析企业的销售数据、市场趋势、产品性能以及运营成本等多维度信息，为企业提供了全面、准确的获利能力评估。它不仅能够帮助企业识别出最具潜力的产品或市场，还能揭示出特定订单的利润构成，为企业的产品定价、市场推广和成本控制提供有力支持。同时，获利能力分析的结果也是对销售、市场、产品管理、战略经营计划等模块进行进一步分析处理的重要依据。这些部门可以根据获利能力分析所提供的来自市场的第一手信息，判断企业目前在现存市场中的位置，并对新市场的潜力进行科学评估。这种基于数据的决策方式，大大提高了企业市场策略的准确性和有效性。

对于需要进行定期获利能力分析的企业来说，利润中心会计技术是一种极为有用的工具。通过这项技术，企业可以系统地收集业务活动成本、运营费用和经营结果等关键数据，并对这些数据进行深入分析。通过分析这些信息，企业可以确定每个业务领域的获利效能，从而找出盈利能力强、发展潜力大的业务领域，为企业的资源配置和战略调整提供有力依据。

第二节　大数据分析在成本预测与优化中的应用

一、大数据概述

在当今数字时代浪潮中，大数据无疑是一股具有深远影响力的关键力量。回溯至 2008 年，大数据这一概念的正式确立，并在信息技术持续演进的有力推动下，逐步发展成为一种不可或缺的重要技术手段。从技术层面深入剖析，大数据乃是借助如大规模并行处理数据库、数据挖掘和云计算平台等一系列新兴技术或方法，对各类数据展开全面收集、深度提炼与精准分析后，所汇聚形成的高价值、大体量的数据集合。

关于大数据的定义，麦肯锡全球研究所在其专业领域内给出了具有权威性的阐释：大数据是一种规模庞大到在数据的获取、存储、管理和分析等环节，均远远超越了传统数据库软件工具能力范畴的数据集合。进一步探究其特征，主要体现在四个显著方面：其一，具备海量的数据规模，数据量呈现出几何级数增长的态势；其二，拥有快速的数据流转速度，数据实时更新与交互频繁；其三，涵盖多样的数据类型，不仅包括传统的结构化数据，还广泛涉及半结构化与非结构化数据；其四，数据价值密度较低，需要运用先进的技术手段从海量数据中挖掘出有价值的信息。

随着时间的稳步推移以及技术在各个领域的深度渗透，大数据技术逐渐从专业领域走向大众视野，被社会大众广泛认识和熟悉。与此同时，大数据技术凭借其独特的优势与潜力，在众多领域中得到了日益广泛的应用，从商业运营到科学研究，从医疗健康到金融服务，大数据技术正以前所未有的方式重塑着各个行业的发展格局，为企业与社会的进步注入了强大的动力。

二、大数据分析在成本预测中的应用

（一）成本预测的原理与数据基础

传统的成本预测方法，由于其依赖于有限的数据样本和相对简化的数学模型，往往难以捕捉到企业运营过程中错综复杂的成本变动因素，导致预测结果的准确性和可靠性受限。相比之下，大数据分析技术的崛起为成本预测领域带来了革命性的变革。

大数据分析技术凭借其卓越的数据处理能力，能够高效地整合并处理来自企业内部的多维度数据，包括但不限于财务数据、生产数据、销售数据等。同时，它还能有效融入外部的市场数据、行业数据和宏观经济数据，这些数据来源广泛且多样，共同构成了一个全面、立体的数据生态系统。这一数据生态系统涵盖了企业运营的各个环节，从原材料采购到产品生产，再到市场销售与售后服务，以及市场环境的诸多方面，如市场需求变化、竞争对手动态、政策法规调整等，为成本预测提供了极为丰富且翔实的数据基础。

基于大数据的成本预测原理，其核心在于运用先进的数据挖掘算法，深入剖析数据中潜藏的模式、趋势和关联关系。具体而言，时间序列分析作为一种重要的数据分析方法，能够对历史成本数据进行系统建模，通过捕捉数据中的时间序列特征，预测未来成本的变化趋势，为企业制定长期成本控制策略提供科学依据。而回归分析则能够揭示成本与其他相关变量之间的内在联系，如成本与产量、原材料价格、人工成本等变量之间的定量关系。通过回归分析，企业可以更加准确地预测在不同业务情景下的成本水平，为决策层提供有力的数据支持，从而帮助企业更好地应对市场变化，优化成本结构，提升竞争力。

（二）成本预测的具体方法与模型

1.机器学习算法在成本预测领域的应用

机器学习算法，以其强大的数据处理与模式识别能力，在成本预测中展现出了非凡的潜力。决策树、神经网络、支持向量机等算法，凭借其各自独特的优势，成为成本预测中的重要工具。以神经网络算法为例，其结构模拟了人类大脑的神经元网络，能够通过学习大量历史成本数据，自动调整模型内部的权重与偏置参数，从而构建出高度精准的成本预测模型。这一模型不仅能够捕捉到成本数据中的线性与非线性关系，还能有效应对季节因素、市场需求波动等复杂多变的影响因素。企业可以利用这一模型，深入分析过去多年的成本数据及其相关变量，挖掘出隐藏在数据背后的成本变动规律，进而构建出符合自身业务特点的成本预测体系。当新的数据输入时，该模型能够迅速响应，给出准确的成本预测结果，为企业的决策提供有力支持。

2.数据挖掘技术深度挖掘成本影响因素

数据挖掘技术，作为大数据分析的重要手段之一，其在成本预测中的应用同样不可忽视。特别是关联规则挖掘技术，它能够帮助企业发现不同业务活动与成本之间的潜在联系。在企业的实际运营中，各种业务活动往往相互交织、相互影响，共同构成了复杂的成本结构。通过关联规则挖掘，企业可以揭示出这些业务活动与成本之间的内在联系。例如，在分析企业的促销活动时，可能会发现销售费用的增加与产品销量的提升之间存在某种关联规则，同时这种关联还会对生产成本、物流成本等产生连锁反应。通过深入挖掘这些关联规则，企业可以更加全面地了解成本变动的内在机制，从而在制定促销策略、生产计划等决策时，能够更准确地预测成本的变化趋势，优化决策过程，提高企业的整体运营效率与经济效益。

三、大数据分析在成本优化中的应用

（一）大数据驱动下的成本结构分析

在数字时代背景下，大数据分析技术为企业成本结构的优化提供了前所未有的洞察力和决策支持。通过大数据的全面、深入剖析，企业能够对自身的成本结构有一个清晰、全面的认识，从而为成本优化奠定坚实的基础。大数据分析技术能够对企业的各项成本数据进行细致的分类、汇总和对比分析。这一过程中，不仅关注成本项目的绝对数值，更深入挖掘各成本项目在总成本中所占的比重，以及它们随时间的变化趋势。这种全方位、多角度的分析方式，使得企业能够清晰地看到不同成本项目在整体成本结构中的位置和作用，以及它们对企业盈利能力的影响。

例如，以某一生产环节的原材料成本为例，通过大数据分析，企业可能会发现这一成本项目在总成本中占比较高，并且呈现出上升的趋势。这一发现立即引起了企业的关注。为了进一步探究原材料成本上升的原因，企业可以利用大数据分析技术对相关数据进行深入挖掘。通过分析市场价格数据，企业可以判断原材料成本的上升是否由市场价格波动所导致；通过生产过程中的数据监控，企业可以查找是否存在生产浪费、效率低下等问题。

基于这样深入、细致的分析结果，企业能够有针对性地制定成本优化策略。如果是市场价格波动导致原材料成本上升，企业可以考虑通过采购策略的调整、供应商的优化选择等方式来应对；如果是生产过程中的浪费导致成本上升，企业则可以通过改进生产工艺、加强生产管理等方式来降低成本。总之，大数据分析技术为企业提供了精准的成本结构分析手段，使得企业能够有的放矢地进行成本优化，提升整体竞争力。

（二）成本优化策略的制定与实施

1.供应链成本的精细化优化

在供应链管理领域，大数据分析技术成了企业优化采购成本、库存成本和物流成本的得力助手。通过对供应商数据的深度挖掘与分析，企业能够全面评估供应商的信誉、产品质量、价格竞争力等多个维度，从而选择出性价比最高的供应商合作伙伴。同时，大数据分析还能够根据市场需求的变化和生产计划的调整，智能推荐最佳的采购时机和采购量，有效避免库存积压或缺货所带来的额外成本负担。

在物流成本优化方面，大数据分析同样发挥着举足轻重的作用。通过实时分析物流数据，包括运输路径、运输方式、交通状况等，企业能够迅速识别出最佳的运输路线和运输方案。例如，通过大数据算法对物流路径进行智能规划，企业可以避开拥堵路段，选择更为顺畅的运输通道，从而显著减少运输时间和成本。此外，大数据分析还能够帮助企业优化运输方式的选择，如根据货物的性质、数量和目的地等因素，智能推荐陆运、水运或空运等最经济的运输方式。

2.生产流程成本的系统化优化

在生产环节，大数据分析技术为企业发现生产流程中的低效环节和浪费现象提供了有力的支持。通过对生产设备运行数据的实时监测与分析，企业能够预测设备的故障风险，并提前进行维护保养，有效避免因设备故障导致的生产中断和损失。同时，大数据分析还能够对生产过程中的各种数据进行深度挖掘，如产品质量数据、生产工艺参数等，从而帮助企业找出影响生产效率和产品质量的关键因素。

基于这些分析结果，企业可以有针对性地对生产工艺参数进行优化调整，提高生产效率，降低废品率。例如，通过大数据分析发现某一生产工序的工艺参数设置不合理，导致产品合格率较低，企业可以及时调整该工序的工艺参数，提高产品质量，减少废品损失。此外，大数据分析还能够帮助企业发现生产过程中的浪费现象，如过度使用原材料、能源浪费等，从而引导企业采取更加环保、经济的生产方式，降低生产成本，提升企业的整体竞争力。

第三节 云计算在财务共享服务中心的应用

一、云计算及财务共享服务的相关界定

（一）云计算

云计算，作为一种基于互联网的相互服务不断拓展、运用及交互的创新模式，其本质依托于互联网，为用户提供动态、易扩展且多为虚拟化的资源。从运算能力层面审视，云计算堪称具备卓越速度与强大效能的运算体系，凭借其强大的计算能力，能够对海量数据进行精准分析与判断，进而有效预测市场发展的动态趋势，赋予用户依据自身实际需求灵活开展运算活动的能力。

在当前企业财务处理的实践场景中，云计算主要呈现出三种典型的运作模式。

其一是基础设施即服务（Infrastructure as a Service，简称 IaaS）模式。在此模式下，企业无需投入巨额资金用于构建和维护财务数据核算与储存

的基础设施。相反，企业仅需支付一定费用，便可购置相应的基础性设施服务，从而便捷地获取满足自身需求的储存空间及计算资源。这一模式有效降低了企业在硬件设施方面的前期投入与运维成本，使企业能够将更多资源聚焦于核心业务发展。

其二是平台即服务（Platform as a Service，简称 PaaS）模式。此模式的核心在于业务化定制，它高度契合企业财务的个性化特征。通过深入分析企业的财务特点与业务需求，为企业量身定制专属的财务软件。该软件能够精准适配企业的财务流程与管理需求，助力企业实现对财务业务的高效、精准处理，显著提升财务管理的效率与质量。

其三是软件即服务（Software as a Service，简称 SaaS）模式。在这种模式下，服务供应商将精心开发的软件发布至服务器集群中。企业则可依据自身的实际业务需求，从服务器集群中灵活下载所需的软件。这种模式赋予了企业极大的自主选择权，企业无需自行进行软件的开发与维护，只需专注于软件的使用与业务流程的优化，有效降低了企业的软件应用门槛与运营成本。

（二）财务共享服务

财务共享服务，作为近年来新兴且备受瞩目的会计业务报告模式，在企业财务管理领域引发了深刻变革。其核心要义在于，将企业所有下属单位的财务信息进行系统性整合与有效集成，并借助先进的财务共享服务平台实施集中化处理。

这一模式旨在确保各下属单位在会计处理、会计记录及报告生成等关键环节，均遵循统一的规范与标准，实现结构的高度统一。在企业集团业务不断拓展的进程中，跨区域经营的特征愈发显著，财务共享服务所蕴含的重要作用也得以更为充分地彰显。

随着企业规模的扩张，下属单位数量增多且分布广泛，传统分散式的财务管理模式逐渐暴露出诸多弊端，如信息沟通不畅、处理标准不统一、资源重复配置等。而财务共享服务模式的出现，有效解决了这些难题。通过构建统一的财务共享服务平台，实现了财务信息的集中汇聚与高效处理，不仅提升了财务工作的准确性与及时性，还极大地增强了企业对财务数据的管控能力。

在跨区域经营背景下，不同地区的下属单位面临着各异的市场环境、政策法规和业务特点。财务共享服务模式能够凭借其标准化的流程与规范，对各类复杂财务信息进行精准梳理与整合，为企业管理层提供全面、准确的财务数据支持，助力其做出科学合理的决策。同时，该模式还有效促进了财务资源的优化配置，降低了企业整体的运营成本，提升了企业在复杂多变的市场环境中的竞争力。因此，财务共享服务模式凭借其独特的优势，在企业集团的发展历程中扮演着日益关键的角色，成为推动企业实现可持续发展的重要力量。

二、云计算技术对企业财务共享服务中心的影响

（一）对财务流程的作用

云计算技术凭借其卓越的计算性能与灵活的服务架构，能够显著提升企业财务共享服务中心的流程自动化程度。借助云端部署的财务软件，企业可实现会计凭证的自动生成、账目信息的实时更新以及报表的快速编制。企业财务共享服务中心往往需要处理来自不同地区分支机构的财务事宜，云计算技术的应用突破了空间限制，使跨区域的财务数据能够迅速实现集中处理，有效增强了各分支机构之间的协同作业能力。

（二）对数据管理的影响

云计算为企业搭建了一个集中存储与管理海量财务数据的平台。通过运用云端的数据仓库，企业得以实现数据的统一管控与备份，降低了数据丢失与损坏的潜在风险。同时，云服务提供商通常会配备高标准的安全防护措施，如数据加密传输、入侵检测系统和防火墙等，以此确保财务数据的安全性与隐私性，满足企业对于数据保护的严苛要求。云计算技术与大

数据分析的融合，极大地提升了企业财务共享服务中心对海量财务数据进行实时分析与深度挖掘的能力。企业借助云平台提供的数据分析工具，能够迅速获取有关财务状况。例如现金流分析、成本控制和预算执行情况等，实时的数据分析结果为企业管理层提供了有力的决策支持。

（三）对组织结构的变革

云计算技术的引入推动了企业财务共享服务中心朝着扁平化组织结构的方向转变。依托云平台，财务流程的自动化与智能化降低了对传统层级式管理模式的依赖，使得决策能够更迅速地传达与执行。组织内部的沟通协作变得更为直接高效，员工能够将更多精力聚焦于核心业务与创新活动，避免被繁杂的管理层次所羁绊，有助于提升企业的灵活性与对市场变化的响应能力。在云计算环境下，数据与信息的共享更为便捷，致使传统职能部门的边界趋于模糊。财务共享服务中心不再仅仅是单纯的财务数据处理部门，而是演变为企业内部多部门协作、数据共享及业务协同的重要平台。跨部门的合作模式强化了不同业务单元之间的联系，推动了知识与资源的整合，进而提高了整个组织的运作效率。

三、云计算在企业财务共享服务中心的应用

（一）云端技术在财务报表编制及分析领域的运用

在构建企业财务共享服务中心的过程中，云计算技术发挥了至关重要的作用，尤其在财务报表编制与分析方面，其优势尤为突出。云平台凭借强大的数据仓库功能，能够高效、快速地处理和整合源自企业多个业务系统的庞大财务数据集合。这一服务特性支持实时或接近实时的数据分析处理，使企业能够及时、准确地生成各类财务报表，如资产负债表、利润表及现金流量表等，从而大幅提升了财务报表的时效性和准确性。此外，云计算技术还融入了高级分析与预测模型，通过集成机器学习等先进服务，企业得以构建出精准的预测模型。这些模型能够自动预测企业未来的财务

发展趋势，如收入增长预期、成本变动趋势等，为管理层提供了基于数据的科学决策依据，有助于其优化财务策略，把握企业发展方向。

（二）云计算在预算管理与成本控制方面的实践应用

云计算技术在预算管理和成本控制领域同样展现出了强大的应用潜力。云预算软件以其灵活的预算编制和审批流程，为多部门协作提供了有力支持。通过实时更新预算信息，系统能够自动汇总和分析预算数据，将预算与实际支出进行直观对比，从而帮助管理层及时发现并识别潜在的超支风险，采取有效措施予以应对。同时，企业将云会计与 ERP 系统相集成，实现了成本数据的自动收集和分类整理。系统能够跟踪和分析成本动因，提供详尽的成本效益分析报告，为精细化的成本控制提供了有力支撑。此外，云服务的弹性伸缩能力使企业能够根据业务需求动态调整资源分配，有效避免了不必要的成本浪费，提升了资源利用效率。

（三）云端技术促进跨部门协作与审批流程的优化升级

云计算技术在促进企业财务共享服务中心跨部门协作和审批流程优化方面同样发挥了重要作用。云协作平台通过提供实时通信和文件共享功能，打破了部门间的信息壁垒，使财务部门与其他部门能够共同编辑文档、讨论项目方案，确保信息的同步性和一致性。同时，云工作流和审批系统以其自动化、智能化的特点，极大地提升了审批流程的合规性和效率。系统支持定制化设置审批规则，能够自动分配审批任务、跟踪审批进度，并生成详细的审计日志。这不仅简化了审批流程，还提高了审批的准确性和可追溯性，为企业财务共享服务中心的高效运转提供了有力保障。

（四）云计算驱动会计核算与税务处理的自动化进程

在会计核算和税务处理领域，云计算技术以其强大的自动化工具，显著提升了工作效率和准确性。云会计软件作为这一进程的核心，能够自动处理诸多日常会计任务，如账单录入、账目匹配及期末调整等烦琐工作，均可在系统的智能化操作下得以高效完成。通过与银行接口的深度集成，云会计软件能够自动下载并分类交易数据，极大地减少了手动输入所带来的错误风险，确保了会计数据的准确性和可靠性。同时，云税务解决方案也为企业提供了全方位的税务自动化服务。这些解决方案能够自动计算和报告各种税项，且能够灵活适应不同地区复杂的税法规定。系统能够实时更新税率信息，自动填充税务申报表，并甚至支持自动提交给税务机关，从而确保了企业税务处理的合规性和时效性。此外，云税务解决方案通常与会计软件实现无缝集成，使得会计数据与税务数据能够顺畅对接，进一步简化了税务处理流程，提升了工作效率。

（五）决策支持系统的云化构建，为企业提供实时分析工具

决策支持系统的云化构建，为企业带来了一种全新、实时且灵活的分析工具。云中的大数据分析平台，凭借其强大的数据处理能力，能够轻松应对海量财务和业务数据的挑战，快速生成具有深度洞察力的分析报告。这一平台支持 SQL 查询语言，能够与各种 BI（商业智能）工具，如 Tableau、Power BI 等实现无缝集成，使得决策者能够在交互式的仪表板上实时查看关键业务指标，从而更加直观地把握企业运营状况。同时，云化的预测建模和机器学习服务也为企业构建预测模型提供了有力支持。这些服务能够帮助企业基于历史数据构建出精准的预测模型，对未来的财务表现进行科学预测。决策者可以利用这些预测模型识别出市场趋势，预测潜在风险，从而为战略决策提供坚实的数据支撑和科学依据。

（六）云端解决方案优化客户与供应商管理

在云端环境下，企业可以利用先进的解决方案来全面优化客户和供应商的管理流程。云 CRM（客户关系管理）系统作为客户管理的核心工具，提供了全面的客户信息管理功能，包括联系人信息、交易历史以及沟通记录等关键数据。系统支持自动化销售流程，能够显著提高客户满意度，并

通过深入的数据分析提供销售预测报告，助力企业制定更加精准的销售策略。同时，云 SCM（供应链管理）工具也为企业与供应商之间的电子化协作提供了有力支持。这些工具能够帮助企业高效处理采购订单、发票及库存管理等关键业务环节，实现供应链的透明化和合规性管理。系统能够实时跟踪供应商的性能表现，及时发现并解决潜在问题，从而降低供应风险，确保供应链的稳定性和可靠性。

第四节　AI与机器学习在成本控制中的创新实践

在当今竞争激烈的商业环境中，企业财务成本控制与管理是企业生存和发展的关键要素之一。有效的成本控制不仅能提高企业的盈利能力，还能增强其在市场中的竞争力。随着科技的飞速发展，人工智能（Artificial Intelligence，以下简称 AI）与机器学习技术逐渐渗透到企业的各个领域，在财务成本控制与管理方面也展现出了巨大的潜力，为传统的成本控制方法带来了创新变革。

一、AI与机器学习在成本控制中的应用基础

（一）数据处理和分析能力

企业在日常运营中会产生庞大且复杂的数据集，这些数据涵盖了财务报表的详细记录、供应链的动态信息、销售数据的实时反馈等多个维度。传统的数据处理方法往往难以应对如此海量且多样化的数据，不仅处理效率低下，还容易出现人为错误。相比之下，AI 与机器学习算法展现出了强大的数据处理与分析能力。机器学习中的聚类分析算法能够对企业成本数据进行高效分类，将具有相似特征的成本项目归为一类，从而便于企业进行更加集中和有针对性的管理。这种分类方式不仅提高了数据处理的效率，还增强了数据分析的准确性。通过聚类分析，企业可以更加清晰地了解各

项成本的构成和分布，为后续的成本控制策略制定提供有力支持。

此外，机器学习算法还能够在短时间内处理大量数据，并自动识别数据中的潜在规律和模式。这种能力对于企业财务成本控制至关重要，因为它能够帮助企业从庞大的数据中提取出有价值的信息，为成本控制决策提供精准的数据支持。例如，通过深入分析历史成本数据，机器学习算法能够揭示成本变动的规律，从而为企业的未来成本趋势提供有力的依据。

（二）预测模型的构建与优化

在成本控制中，预测未来成本趋势是制定有效控制策略的关键。AI 与机器学习技术为企业构建高效预测模型提供了可能。机器学习中的回归分析、时间序列分析等模型，能够根据企业历史成本数据和相关业务指标，准确预测未来成本的走势。

其一，以回归分析模型为例，该模型能够分析成本与业务量之间的内在关系，揭示两者之间的线性或非线性依赖关系。通过此类分析，企业可以预测在不同业务量水平下的成本支出，从而预先制定相应的成本控制策略。这种预测能力对于企业而言至关重要，因为它有助于企业提前应对可能出现的成本波动，避免因成本失控而引发的经营风险。

其二，以时间序列分析模型为例，该模型能够利用历史成本数据的时间序列特征，预测未来成本的变化趋势。该模型特别适用于那些具有明显时间趋势的成本项目，如原材料采购成本、人力成本等。通过时间序列分析模型，企业可以更加准确地预测未来成本的变化情况，从而制定出更加合理的成本控制计划。

二、AI与机器学习在成本控制中的创新实践

（一）智能成本核算系统的广泛应用

在成本控制的过程中，成本核算的准确性和效率至关重要。一些具有前瞻性的企业已经开始尝试应用基于 AI 与机器学习的智能成本核算系统，

以替代传统的成本核算方法。这种智能系统凭借其强大的数据处理和分析能力，能够自动识别和分类各种成本项目，并根据业务活动的实际特点，将成本准确分配到相应的环节。以复杂的工程项目为例，传统的成本核算方法需要人工根据项目的各个环节和费用明细进行逐一核算，不仅耗时费力，而且容易出现人为误差。而智能成本核算系统则通过机器学习算法，对项目历史数据和实时业务信息进行深度挖掘和分析，从而自动、准确地核算出每个环节的成本。这种智能化的成本核算方式不仅大大提高了成本核算的效率和准确性，还为企业提供了更加全面、细致的成本信息，有助于企业更好地进行成本控制和决策。

（二）供应链成本优化的创新实践

在供应链管理中，成本优化一直是一个重要的课题。AI 与机器学习技术的引入，为供应链成本优化提供了新的思路和方法。通过对供应链各个环节的数据进行深入分析，机器学习算法能够发现供应链中的瓶颈和浪费，进而优化供应链的布局和流程，降低成本。具体来说，企业可以利用机器学习模型预测不同地区的产品需求，从而更合理地安排生产和库存。这种预测能力有助于企业减少库存积压和缺货成本，提高供应链的响应速度和灵活性。同时，通过对物流数据的细致分析，机器学习算法还能够优化物流路线，降低运输成本。例如，某大型电商企业就成功应用了机器学习算法对物流配送路线进行优化，每年节省了大量的物流费用，取得了显著的经济效益。

（三）风险预警与成本控制的智能化结合

在企业财务成本控制中，风险预警是一个至关重要的环节。AI 与机器学习技术能够实时监控企业的财务数据和业务活动，及时发现潜在的成本风险，为企业的成本控制提供有力的保障。通过建立风险预警模型，企业可以对成本进行实时监控和分析。当成本出现异常波动或者某项业务指标超出预设的阈值时，系统会自动发出预警信号，提醒企业及时关注并采取相应的措施。这种智能化的风险预警机制不仅提高了企业对成本风险的敏感度和应对能力，还有助于企业及时调整成本控制策略，避免成本失控。一家金融企业就成功利用了机器学习算法对信贷业务的成本和风险进行实时监控，及时发现了一些潜在的不良贷款风险，并通过采取相应措施降低了坏账成本，有效保障了企业的财务安全。

三、AI与机器学习在成本控制中面临的挑战与应对策略

（一）技术门槛与人才短缺的挑战及应对

AI与机器学习技术的应用并非易事，它要求企业具备一定的技术基础和专业人才储备。然而，对于众多中小企业而言，由于资源有限，它们可能缺乏实施和维护这些先进技术所需的技术能力和专业人才。这一技术门槛成为阻碍中小企业应用AI与机器学习技术进行成本控制的重要因素。

为应对这一挑战，企业可以采取多种策略。一方面，企业可以与专业的科技公司建立合作关系，借助外部的技术力量来推动AI与机器学习技术在成本控制中的应用。通过与合作伙伴的紧密协作，中小企业可以快速获取所需的技术支持和解决方案，降低技术门槛。另一方面，企业还应加强内部员工的培训和发展。通过组织定期的技术培训和研讨会，提高员工的技术素养和专业知识水平，培养出一批既懂财务又懂技术的复合型人才。这些人才将成为企业应用AI与机器学习技术进行成本控制的中坚力量，为企业的持续发展提供有力支持。

（二）数据安全与隐私问题

在AI与机器学习技术的应用过程中，数据的安全和隐私问题不容忽视。企业的财务数据包含大量敏感信息，如客户信息、交易记录、成本构成等，一旦这些数据泄露或被滥用，可能会给企业带来严重的经济损失和声誉损害。

因此，企业必须高度重视数据安全管理。首先，企业应采用先进的加

密技术，对敏感数据进行加密存储和传输，确保数据在传输和存储过程中的安全性。同时，企业还应建立完善的访问控制机制，严格限制对敏感数据的访问权限，防止未经授权的人员获取和使用数据。此外，企业还应遵守相关的数据隐私法规和政策要求。在收集、使用和处理客户数据时，企业必须遵循合法、正当、必要的原则，确保数据的合法使用和保护客户的隐私权。通过加强数据安全管理和遵守相关法律法规，企业可以有效应对数据安全与隐私问题的挑战，为 AI 与机器学习技术在成本控制中的应用提供有力保障。

AI 与机器学习技术为企业财务成本控制与管理带来了创新的实践路径。通过强大的数据处理与分析能力、精准的预测模型构建，以及在智能成本核算、供应链成本优化和风险预警等方面的应用，这些技术能够帮助企业提高成本控制的效率和准确性，增强企业的竞争力。尽管在应用过程中面临技术门槛、人才短缺和数据安全等挑战，但通过合理的应对策略，企业能够充分发挥 AI 与机器学习在成本控制中的优势，实现可持续发展。未来，随着技术的不断进步，AI 与机器学习在企业财务成本控制与管理领域将展现出更广阔的应用前景。

第五节　区块链技术在成本透明度与可追溯性上的作用

一、区块链技术的概念与工作原理

区块链是一个去中心化的分布式数据库，该数据库由一串加密的数据区块依序连接而成。[①] 每个数据区块紧密相连，共同编织成一张庞大而复杂的信息网络。在这些区块内部，蕴含着在特定时间段内生成的各种数据记录信息。这些信息经过精密的加密处理，确保了数据的安全性与不可篡改性。

在区块链的广阔网络中，散布着众多的节点，这些节点既是数据的生

---

① 陈芳. 基于区块链的财务审计探析［J］. 财会学习，2017（18）：145.

产者，也是数据的验证者与存储者。当网络中的某些节点捕捉到新的数据信息时，它们会迅速将这些信息记录下来，并通过网络广播的方式，将这一新数据传递给网络中的其他所有节点。这一过程，类似于信息在广袤网络中的一次"传递接力"。接收到新数据记录的节点，并不会轻易地将其纳入自己的数据库。相反，它们会对这些数据进行严格的校验，以确保数据的真实性与准确性。这一校验过程，是区块链技术保障数据质量的关键环节。只有经过全网节点共同验证并确认无误的数据，才有资格被封装进一个新的数据区块之中。

当一个新的数据区块诞生后，它并不会立即成为区块链主链的一部分。相反，全网的接受节点会运用一种称为共识算法的机制，对这一新区块内的数据进行全面的审查。共识算法，作为区块链技术的核心机制之一，它确保了网络中的所有节点能够就新区块的有效性达成一致意见。只有那些通过了共识算法严格审查的数据区块，才能被正式添加到区块链的主链上，成为区块链不可分割的一部分。随着新区块的不断加入，区块链主链也在不断地延长与更新。这些被永久记录在区块链上的数据，不仅得到了全网节点的共同认可与保护，还被安全地存储在全网所有节点的数据库里。这种分布式的数据存储方式，极大地提高了数据的可靠性与可用性。即使网络中的部分节点遭到破坏或失效，也不会影响到整个区块链系统的正常运行与数据的完整性。因为，在区块链的世界里，数据是分散的、冗余的，也是永远在线的。

二、区块链的特征

（一）去中心化

去中心化堪称区块链最为核心且基础的特质。在传统的信息处理与管理模式下，往往高度依赖某个单一的中央处理节点。该节点犹如整个系统的"大脑"，掌控着数据的存储、处理及流向。然而，区块链技术彻底颠覆了这一模式，以分布式的形态存在于网络之中。

该分布式架构表明，区块链技术不再依赖于中心化的硬件设施和管理机构。在区块链系统中，数据并非集中存储于单一位置，而是分布于全网各个节点。每个节点都具备同等的地位与权利，共同参与数据的维护与更新。这种分布式的数据维护方式，显著增强了系统的可靠性与稳定性，在区块链系统中，任一节点的故障或恶意攻击，都难以对整个系统造成毁灭性的影响，因为其他节点依然能够正常运转并确保数据的完整性。从企业财务成本控制角度来看，去中心化特性使得财务数据的存储与管理更加分散、安全，降低了因单一中心故障或篡改导致成本数据失真的风险，为成本透明度与可追溯性奠定了坚实的基础。

（二）开放性

开放性是区块链系统区别于传统封闭系统的重要特性。在区块链的生态体系中，除了部分基于特定安全需求或业务场景而设置特殊权限要求的区块链系统外，绝大部分区块链的数据处于全面开放状态，对所有主体一视同仁。这种开放性意味着，无论是企业内部不同部门的人员，还是外部的合作伙伴、监管机构等，只要有获取特定数据的需求，均可通过公开的接口实现数据查询。具体而言，用户只需将自身查询区域与区块链对口的数据接口建立连接，便如同开启了通往数据宝库的大门，能够按需获取所需的数据。这种开放的数据环境，在企业财务成本控制领域具有深远意义。它使得企业内部各层级、各部门之间的成本数据流通更为顺畅，打破了信息壁垒，有助于提升成本核算的准确性与及时性。同时，对于外部利益相关者，如投资者、债权人等，开放性使得他们能够更便捷地获取企业成本信息，增强了市场对企业财务状况的了解与信任，进而提升企业在资本市场的透明度与可信度。

（三）透明性

区块链系统的数据记录具备高度的透明性，这一特性构成了全网节点彼此信任的基石。在区块链网络中，每一笔数据记录和系统运行规则，都毫无保留地对全网各节点公开，如同置于聚光灯下，接受全网的审视。这意味着任何节点均可对区块链上的数据进行审查、追溯以及验证。以企业财务成本控制为例，每一笔涉及成本的交易记录，从发生的时间、金额、交易对象，到相关的审批流程等详细信息，都清晰地记录在区块链上，且全网可见。这种透明性使得企业内部在成本管理过程中，各环节的操作都处于公开监督之下，有效遏制了财务舞弊、成本虚报等不良行为的发生。同时，对于外部监管机构而言，区块链的透明性大大降低了监管成本，提高了监管效率，使得监管工作更加精准、有效。

（四）信息不可篡改性

区块链系统的信息不可篡改性，是其在数据安全领域的一大核心优势。一旦信息经过严格的验证流程并成功添加到区块链中，便如同被盖上了不可磨灭的"印章"，获得永久性的保存，后续难以被修改。这一特性源于区块链独特的共识机制与加密算法。在区块链网络中，数据的修改需要获得绝大多数节点的认可，具体而言，除非攻击者能够同时控制超过系统中51%的节点，否则篡改数据的行为将无法得逞。而在实际操作中，要实现对如此庞大数量节点的控制，不仅技术难度极高，而且需要耗费巨额的财力与物力。对于企业财务成本控制而言，信息不可篡改性确保了成本数据的真实性与可靠性，从根本上杜绝了数据被恶意篡改的可能性，为企业的成本分析、决策制定提供了坚实的数据支撑。

（五）匿名性

区块链技术的发展始终建立在全网节点相互信任的稳固基石之上。在这样的环境中，数据之间的交换呈现出独特的匿名性特征。节点之间的数据交互无需进行传统意义上的身份验证，而是遵循预先设定且固定的算法有序进行。这种匿名性并非意味着完全的不可追溯，而是在保护数据主体隐私的前提下，确保数据交换的高效与安全。在企业财务成本控制场景中，匿名性可以在一定程度上保护企业敏感的成本信息，避免因信息过度暴露而引发的商业风险。例如，企业与供应商之间的成本交易数据，在区块链上进行交互时，双方的身份信息可通过加密算法进行隐藏，仅保留必要的交易内容，从而在保障交易安全与数据隐私的同时，维持了区块链系统的信任机制与高效运转。

三、区块链技术在成本透明度上的作用

（一）实时共享与公开账本

在传统企业财务成本管理方式下，各部门犹如信息孤岛，成本数据以分散的形式记录与管理。这种分散性致使信息传递过程中不可避免地出现延迟与障碍，阻碍了成本信息的顺畅流通与高效整合。而区块链技术的横空出世，为企业内部搭建起一个统一且实时共享的账本架构。

在这一创新架构下，所有与成本相关的交易信息，无论是原材料采购环节中每一笔订单的金额、供应商信息，生产过程中各项费用的支出明细，还是销售环节复杂的成本核算数据等，均会以近乎即时的速度被精准记录至区块链之上，并同步更新至网络中的各个节点。如此一来，企业的管理层、专业的财务人员以及其他相关部门，可随时随地获取精确的成本数据。这一变革性的举措，彻底打破了长久以来横亘在各部门之间的信息壁垒，将成本信息的透明度提升至前所未有的高度，为企业基于准确成本数据进行科学决策提供了坚实支撑。

（二）消除信息不对称

于供应链这一复杂且关键的环节之中，企业与供应商、合作伙伴之间的信息不对称状况，极有可能导致成本无端虚高。区块链技术凭借其独有的特性，为破解这一难题提供了行之有效的解决方案——将供应链上的所有交易信息全面上链。

这些信息涵盖了原材料从源头开采直至最终交付至企业的整个历程，包括原材料的具体来源地、精准的价格变动、运输过程中每一项费用的详

细明细等。供应链上的各方主体，无论是处于上游的原材料供应商，还是处于中游的运输企业，抑或处于下游的生产制造企业，均能够通过区块链这一公开透明的平台，便捷地查看这些信息。如此一来，信息的一致性与真实性得到了切实保障。以汽车制造企业为例，其零部件供应商所提供的零部件价格、质量参数等关键信息，在区块链上皆清晰可查、一目了然。汽车制造企业借助这一清晰的信息脉络，能够精准洞悉每一个零部件的成本构成，从而有效规避因信息不透明而滋生的采购成本增加问题，实现供应链成本的优化与管控。

（三）提升成本数据透明度

区块链技术以其强大的数据记录与存储能力，能够完整记录企业财务成本的全链条数据。从原材料采购时的询价、比价，到生产过程中的能耗、人工成本，再到运输环节的物流费用，直至销售阶段的营销成本等，各个环节的成本信息均被详尽记录。

这些信息以分布式的方式存储于区块链的各个节点上，形成了一个庞大且相互关联的数据库。值得一提的是，区块链所具备的独特机制，使得任何对数据的篡改企图都会被系统瞬间敏锐地捕捉到。这种基于分布式账本技术构建的成本数据存储与管理模式，极大地提升了成本数据的透明度。企业内部，从一线员工到高层管理者，均可实时查看成本数据的具体细节，为成本控制与绩效评估提供有力依据；企业外部，如投资者、债权人等利益相关者，也能够便捷地对成本数据的真实性与完整性进行实时查看与验证，从而增强对企业财务状况的信心与信任。

（四）增强成本信息可信度

在传统的财务成本管理模式下，成本数据通常集中存储于中央机构，犹如将所有的"鸡蛋"置于同一个"篮子"之中，这无疑使得数据面临着被篡改或删除的巨大风险。一旦中央机构的安全性遭受威胁，成本数据的真实性与可靠性将荡然无存，进而对企业的成本控制与管理决策产生严重误导。而区块链技术凭借其不可篡改的核心特性，为成本数据构筑起了一道坚不可摧的"防护墙"。每一笔成本数据在经过严格的验证流程后被记录到区块链上，便如同盖上了具有法律效力的"印章"，无法被轻易篡改。这种高度的安全性与可靠性，极大地提升了成本信息的可信度。对于企业而言，这不仅有助于其更为精准地进行成本控制与管理，制定贴合实际的成本策略，还能够在市场竞争中脱颖而出，赢得投资者、客户及合作伙伴的高度认可，从而显著提升企业在市场中的竞争力与信誉度，为企业的可持续发展奠定坚实基础。

四、区块链技术在成本追溯性上的作用

（一）完整的交易记录链条

区块链技术以其独具匠心的链式结构，为企业成本追溯精心打造了一条完整且连续的交易记录链条。在这一创新架构下，每一笔与成本息息相关的交易，皆如同链条上的关键环节，被详尽且精确地记录于区块之中。更为关键的是，各个区块之间并非孤立存在，而是通过一种独特的关联机制，与前一个区块紧密相连，形成了一条环环相扣、逻辑严密的信息链。

从企业运营的初始阶段——原材料的采购环节起，历经复杂的生产加工流程，直至产品成功进入市场销售阶段，每一个涉及成本发生的关键节点，都清晰地映射在区块链之上。这意味着，当企业出于成本管理、决策优化或应对外部审计等目的，需要对某一特定成本项目展开深入分析时，能够借助区块链这一先进工具，沿着精心构建的链条，如同抽丝剥茧般准确无误地追溯到成本发生的源头，清晰洞察其流转过程的每一个细节。如此一来，企业不仅能够深入理解成本的构成要素，更能精准把握成本变化背后的深层次原因，为成本控制与优化提供坚实的数据支撑。

（二）实现成本数据可追溯性

区块链技术在记录每一笔交易数据时，巧妙地采用了链式结构。每个区块都如同一个信息保险箱，不仅存储着本区块内的交易数据，还包含了前一个区块独一无二的哈希值（Hash Value）。这种看似简单却蕴含精妙设计的结构，犹如一条无形的纽带，将所有区块紧密串联在一起，形成了一条坚不可摧、不可篡改的数据链。

正是这种特性，赋予了成本数据高度的可追溯性。企业在成本管理过程中，无论是面对内部精细化管理的需求，还是应对外部审计机构的严格审查，都能够借助区块链的这一优势，轻松地回溯到每一笔成本数据的源头，清晰呈现其从产生到演变的全过程。对于企业而言，成本数据的可追溯性能够帮助企业在成本分析过程中，准确找出成本控制的关键节点，及时发现潜在的成本异常波动，为企业制定科学合理的成本策略提供有力依据。同时，在审计场景下，这种可追溯性大大增强了成本数据的可信度与透明度，有效降低了审计风险与成本，为企业与外部利益相关者之间建立起更为稳固的信任桥梁。

（三）提高成本追溯效率

在传统的财务成本管理模式下，成本追溯犹如一场艰难的"寻宝之旅"，往往需要借助烦琐的手工查询方式，在海量的纸质或电子文档中逐一筛选、比对信息。不仅如此，这一过程还需遵循复杂的审计流程，不仅耗时费力，而且极易因人为疏忽而出现错误，导致成本追溯的效率低下，无法及时满足企业决策与管理的需求。

而区块链技术的应用，犹如为成本追溯带来了一场革命性的变革。通过引入智能合约与自动化脚本等前沿技术手段，区块链能够实现成本数据的快速检索与精准定位。例如，当企业需要查询某一批特定产品的成本构成时，只需在区块链系统中输入简洁明了的查询条件，系统便会如同训练有素的智能助手,迅速在庞大的数据库中锁定相关信息,并以直观、清晰的方式呈现给用户。这种高效的追溯方式,不仅极大地缩短了成本追溯所需的时间,提升了企业成本管理的响应速度,还减少了因人为操作失误而引发的错误风险,使企业能够更加及时、准确地获取成本信息,为企业在瞬息万变的市场环境中做出敏捷决策提供有力支持。

第五章　数字时代企业财务绩效管理

第一节　财务绩效评价指标体系的构建

一、财务绩效评价的含义

绩效评价是指通过运用一定的评价方法和评价标准，来确定企业管理层在一定时间内对其绩效目标的实现程度情况。而财务绩效评价则是指通过对企业的财务数据和财务指标进行分析和评估，对企业的经济运作状况和财务状况进行评估和判断的过程。财务绩效评价是企业管理者和投资者了解企业财务状况、经营状况和效益发展方向的重要依据。

财务绩效评价之所以在企业管理中占据重要地位，是因为它为企业管理者和投资者提供了一扇透视企业财务状况、经营成果及效益发展方向的窗口。通过财务绩效评价，管理者可以清晰地了解到企业在过去一段时间内的财务表现，识别潜在的财务风险与问题，从而为制定和调整财务战略、优化资源配置、提升财务管理水平提供有力的决策支持。同时，对于投资者而言，财务绩效评价也是评估企业投资价值、判断企业发展潜力的重要依据，有助于其做出更加明智的投资决策。

二、财务绩效评价体系的构建原则

（一）定性和定量相结合的原则

企业在披露财务信息时，通常会选择定量指标作为主要的表现形式。这些定量指标，如利润率、资产负债率等，具有客观性、精确性和可比性，能够直观地反映企业的财务状况和经营成果，使信息使用者能够清晰明了地了解企业的整体状况。然而，企业财务绩效的评价并非仅仅依赖于定量指标就能全面完成，还有许多重要的信息无法通过定量的形式直接表现出来，如企业文化、管理水平、市场竞争力等。这些信息往往需要通过定性描述的方式进行披露。

为了将定性信息与定量信息有机结合，提高评价的全面性和准确性，可以采用问卷调查法、专家打分法等方法将定性指标转化为定量指标。通过科学合理的转化过程，将定性与定量指标相结合，形成一个既包含客观数据又涵盖主观判断的综合评价体系，从而更加科学合理地反映企业的绩效水平。

（二）科学性和系统性原则

在构建财务绩效评价体系时，科学性和系统性是至关重要的原则。选取不同的绩效评价指标可能会导致截然不同的评价结果，因此，在确定绩效评价指标时，必须遵循科学全面的选取标准。所选指标应尽可能涵盖企业经营发展的各个方面，包括财务、市场、内部管理等多个维度。然而，这并不意味着指标选取的越多越好。过多的指标可能会导致评价过程过于复杂，降低评价的效率和准确性。因此，在选取指标时，应在深入分析评价对象的基础上，系统选择具有代表性的指标，使评价指标能够最大程度地反映出企业的特点和核心竞争力。此外，不同企业的经营状况、发展阶段和战略目标各不相同，因此，在构建财务绩效评价体系时，不能一刀切地采用相同的指标和评价方法。而应严格遵循科学性原则，深入分析企业的特质和实际情况，选择能够真实客观反映企业情况的指标和评价方法。

（三）可操作性和客观性原则

企业在进行绩效评价时，必须考虑评价体系的可操作性和实用性。所构建的评价体系内容应切实可行，所选取的指标对应的数据应能够切实可得，并符合绩效评价的要求。如果评价体系过于复杂或数据难以获取，将无法在实际中加以运用，导致绩效评价失去意义。同时，企业绩效评价中往往涉及许多定性指标，如企业文化、员工满意度等。在将这些定性指标定量化的过程中，必须遵循客观性原则，结合所评价对象的实际情况，采用科学合理的方法进行量化和评分。避免主观臆断和随意性评价，确保评价结果的客观性和准确性。

综上所述，构建企业财务绩效评价体系时，应遵循定性与定量相结合、科学性与系统性、可操作性和客观性等原则。通过遵循这些原则，可以构建一个全面、准确、实用的评价体系，为企业的绩效评价提供有力的支持。

三、财务绩效评价指标体系的构建

在数字化时代，企业财务绩效评价指标体系的构建需紧跟技术发展的步伐，充分利用现代信息技术手段，以提高评价的科学性、准确性和效率。下面从几个方面入手，构建适应数字化时代需求的财务绩效评价体系的具体策略。

（一）引入并融合先进的数字化工具与技术

在数字化时代背景下，企业财务绩效管理的变革与创新已成为不可逆转的趋势。为了构建一个高效、智能且适应未来发展需求的绩效管理体系，企业必须积极拥抱并深度融合大数据、云计算、人工智能等前沿科技力量。这些先进的技术手段，以其强大的数据处理能力、智能化的决策支持及高度的灵活性与可扩展性，为财务绩效评价指标体系的革新提供了坚实的基础。大数据技术的应用使得企业能够全面、实时地收集并整合来自各个业务环节的绩效数据，为绩效评价提供丰富、准确的信息基础。云计算平台则以其强大的存储与计算能力，支持构建集目标设定、任务分配、进度跟踪、绩效评估、结果反馈于一体的全方位、一体化的数字化绩效管理系统。这一系统不仅实现了绩效管理流程的数字化、自动化，还极大地提高了绩效管理的效率与准确性。

此外，人工智能技术的融入更是为财务绩效评价指标体系的构建带来了革命性的变化。通过智能算法的应用，企业可以更加精准地分析绩效数据，识别出影响财务绩效的关键因素，为绩效评价提供更为科学、客观的依据。同时，人工智能还能辅助企业进行绩效预测与规划，帮助企业提前制定应对策略，优化资源配置，从而有效提升企业的整体财务绩效。例如，企业可以引入数字化协作平台，该平台集成了大数据分析、云计算处理及人工智能决策支持等多种功能，实现了绩效管理的全面数字化、智能化转型。在这一平台的支持下，绩效数据的收集、整理、分析及反馈等各个环节均得到了极大的优化与提升，不仅提高了绩效管理的效率，还增强了评价的客观性和公正性。因此，全面融合并创新应用先进的数字化工具与技术，是构建高效、智能财务绩效评价指标体系的重要途径。

（二）优化并自动化绩效管理流程

数字化手段的迅猛发展为企业绩效管理流程的优化与革新提供了前所未有的机遇。为了充分发挥数字化技术的优势，企业应积极探索并充分利用各类自动化工具，以实现绩效管理流程的无缝衔接、高效运转和自动化处理。

在任务分配环节，企业可以引入先进的自动化任务分配系统。该系统能够根据员工的技能、经验、工作量及项目的紧急程度等多重因素，智能地、准确地分配工作任务，确保每项工作都能及时、高效地落实到合适的员工手中。这不仅提高了任务分配的准确性和效率，还有效避免了因人为因素导致的任务分配不均或遗漏问题。

在进度跟踪方面，实时进度跟踪系统的应用为管理人员提供了极大的便利。通过该系统，管理人员可以随时随地了解各项工作的进展情况，及时发现潜在的问题或延误情况，并迅速采取措施进行调整和优化。这有助于确保项目按计划顺利进行，提高整体的工作效率和质量。

在绩效评估环节，自动化工具同样发挥着举足轻重的作用。企业可以借助智能化的绩效评估系统，根据预设的评价标准和算法，对员工的工作成果进行全面、客观、公正的评价。这种自动化评价方式不仅减少了手动操作的时间和精力消耗，还降低了人为错误和主观偏见的风险，提高了绩效评估的准确性和可信度。

（三）明确并细化绩效目标

绩效目标作为绩效管理的核心要素，其设定与达成直接关系到企业整体战略的实现与业务发展的成效。在数字化时代，企业面临着更加复杂多变的市场环境和日益激烈的竞争压力。因此，明确并精细化设定绩效目标显得尤为重要。

企业应根据自身的长期发展战略和短期业务需求，科学合理地确定整体的绩效目标。这些目标应既体现企业的愿景和使命，又符合市场的实际情况和行业的发展趋势。在确定整体绩效目标后，企业需要将其层层分解，细化到各个部门和员工层面，确保每个部门和员工都清楚自己的绩效目标和责任。

在设定绩效目标的过程中，企业应充分结合数字时代的特点，利用大数据、人工智能等先进技术对市场和业务进行深入分析，从而设定出既具有挑战性又可实现性的目标值。这些目标值应既能够激发员工的工作动力和创新精神，促使他们不断追求卓越；又能够确保企业整体战略目标的顺利实现，推动企业的持续发展和进步。

通过明确、细化的绩效目标，员工可以更加清晰地了解自己的工作职责和期望成果，从而更加有针对性地开展工作，提高工作效率和质量。同时，明确的绩效目标还有助于员工进行自我评估和自我管理，促进个人成长和发展。因此，企业在数字化时代应高度重视绩效目标的设定与管理，通过明确并精细化设定绩效目标，引领企业战略发展，推动企业的持续创新和进步。

（四）选择与数字化时代相适应的绩效指标

绩效指标的选择作为绩效管理的核心环节，对于准确衡量员工工作成果、激励员工积极性及推动企业战略目标实现具有至关重要的作用。在数字化时代，企业面临着前所未有的变革与挑战，因此，选择与数字化时代相适应的绩效指标显得尤为重要。

企业应当深入剖析员工的工作性质和岗位特点，依据不同岗位的工作内容和职责要求，甄选出能够精准量化员工工作成果的绩效指标。这一过程中，应充分考虑岗位的差异性，确保所选绩效指标能够真实反映员工在各自岗位上的工作表现。例如，对于销售人员，可以选取销售额、新客户获取数量、客户满意度等作为绩效指标，以全面衡量其市场拓展和客户服务能力；而对于财务人员，则可以选择成本控制效果、资金运作效率、财务报表准确性等指标，以评估其在财务管理方面的专业能力和贡献。

同时，结合数字时代的特点，企业应积极引入与数字化转型密切相关的绩效指标。这些指标不仅应关注员工在数字化技术应用方面的能力和成果，还应体现其在推动企业数字化转型过程中的作用和贡献。例如，数据质量指标可以衡量员工在数据收集、处理和分析过程中的准确性和可靠性；系统稳定性指标则可以反映员工在维护和管理企业信息系统方面的能力和效果；而数字化项目完成率则可以直接体现员工在参与和推动数字化项目方面的成果和效率。

综上所述，通过选择与数字化时代相契合的绩效指标，企业能够更加全面地评价员工的工作表现，既关注其在传统业务领域的能力和成果，又重视其在数字化转型过程中的贡献和潜力。这不仅有助于激发员工的积极性和创新精神，推动企业的持续发展和进步，还能够为企业战略目标的实现提供有力的支撑和保障。

（五）实现绩效管理的动态化和灵活性

在数字化时代，企业面临的市场环境和内部条件都处于不断的变化之中，因此，绩效管理的动态化和灵活性成了企业适应变化、保持竞争力的关键。数字化工具以其强大的数据处理能力和实时更新特性，为绩效管理的动态化和灵活性提供了有力的技术支持。

企业应充分利用数字化工具，实时更新员工的工作数据和绩效结果。通过数字化平台，管理人员可以随时随地掌握员工的工作进度和绩效表现，及时发现员工在工作中的亮点和不足。这种实时的数据反馈机制，不仅提高了绩效管理的时效性，还增强了绩效管理的透明度和公正性。

同时，企业应根据市场变化和企业战略目标的调整，灵活地对绩效指标和评价标准进行修订和完善。例如，当企业决定实施数字化转型战略时，可以相应地增加与数字化技能、数字化项目成果等相关的绩效指标，并适当提高这些指标的权重，以激励员工积极参与数字化转型，提升企业的数字化能力。同样地，当市场环境发生变化，如客户需求变化、竞争对手策略调整等，企业也可以及时调整销售目标、市场份额等市场相关的绩效指标权重，确保绩效管理体系能够紧密贴合企业战略和市场实际。

通过实现绩效管理的动态化和灵活性，企业能够更加准确地评价员工的工作表现，及时发现问题并采取措施进行改进。这种动态化的管理方式，不仅有助于激发员工的积极性和创造力，还能够使企业更加敏捷地应对市场变化，保持持续的竞争优势。因此，企业应积极依托数字化工具，不断探索和实践绩效管理的动态化与灵活性，为企业的长远发展奠定坚实的基础。

四、财务绩效评价指标体系的实施与应用

在数字时代背景下，企业财务绩效管理面临着前所未有的挑战与机遇。为了充分发挥财务绩效评价指标体系的作用，企业需从多个维度出发，系统性地推进其实施与应用。本节将从加强员工培训、建立数据收集与处理

机制、开展绩效评估与反馈及优化资源配置与激励措施四个方面，深入探讨财务绩效评价指标体系在企业中的具体实施策略与应用路径。

（一）强化员工培训，提升绩效认知与实操能力

财务绩效评价指标体系的成功实施与应用，离不开企业员工对其深刻的理解与熟练的实操能力。因此，企业必须高度重视并切实加强员工的培训工作，这是确保绩效评价指标体系有效落地的关键环节。具体而言，培训工作应围绕两个核心目标展开：一方面，要全面提升员工对绩效评价指标体系整体框架的认知水平。这要求企业不仅要向员工详细阐述绩效评价指标体系的构建原则、核心要素以及各指标间的内在联系，还要深入解读每一项具体指标的评价标准和计分方法。通过系统的理论讲解和实例分析，使员工能够全面、准确地把握绩效评价指标体系的整体脉络和核心要义，从而在工作中有的放矢地加以应用。另一方面，要着重增强员工对绩效评价指标体系背后管理意图和战略导向的领悟能力。绩效评价指标体系不仅是企业衡量财务绩效的工具，更是引导企业实现战略目标的重要手段。因此，企业在培训过程中，应深入剖析指标设置的管理逻辑和战略考量，使员工能够深刻理解每一项指标所承载的管理期望和战略导向。这样，员工就能在日常工作中自觉地将个人行为与企业的战略目标相契合，按照指标要求积极开展各项活动，从而推动企业财务绩效的持续提升。

此外，随着数字化技术的迅猛发展，数据分析能力和工具操作能力已成为企业员工不可或缺的职业技能。在财务绩效评价指标体系的实施过程中，员工需要频繁地接触和处理大量数据，并利用相关工具进行数据分析和管理。因此，企业必须通过系统化的培训课程，全面提升员工在数据收集、处理、分析及利用相关工具进行绩效管理方面的实操能力。这既包括对数据分析基本原理和方法的讲解，也涉及对具体数据分析工具的操作演示和实践练习。通过这样全方位的培训，企业可以打造出一支具备高素质数据分析能力的员工队伍，为财务绩效评价指标体系的顺利实施提供坚实的人才支撑和智力保障。

（二）构建高效数据收集与处理机制，确保数据质量

数据作为财务绩效评价指标体系的基石与核心要素，其质量直接关系到绩效评价结果的准确性和可靠性。因此，企业必须构建一套高效、完善的数据收集与处理机制，以确保绩效评价指标所需的数据能够及时、准确、完整地获取并得到有效处理。

首先，企业应明确数据收集的渠道、方式、频率以及责任部门。通过制定详细的数据收集计划，确保数据的来源可靠、过程可控。在渠道选择上，企业应充分利用内部信息系统、外部市场调研报告、第三方数据平台等多种途径，确保数据的全面性和多样性。在收集方式上，应结合自动采集和人工录入相结合的方式，提高数据收集的效率和准确性。同时，明确数据收集的频率，确保数据的时效性和连续性。此外，还应明确各部门在数据收集过程中的职责和分工，确保数据收集工作的有序进行。

其次，企业应充分利用现代信息技术手段，如大数据、云计算等，提高数据处理的效率和准确性。通过引入先进的数据处理技术和工具，实现数据的快速清洗、整合和分析，减少人为错误和延误。同时，利用云计算的弹性和可扩展性，满足企业不断增长的数据处理需求，降低数据处理成本。

最后，数据安全与隐私保护也是数据收集与处理机制中不可忽视的重要方面。企业应建立完善的数据安全机制，加强对员工数据的保护。这包括制定严格的数据访问权限控制策略，确保只有授权人员才能访问敏感数据；采用加密技术对数据进行传输和存储，防止数据在传输过程中被窃取或篡改；定期对数据进行备份和恢复测试，确保数据的可靠性和可用性。同时，企业还应加强对员工的数据安全培训，提高员工的数据安全意识和技能水平，防止数据泄露和滥用。通过这些措施的实施，确保绩效管理工作的合法性和合规性，为企业的可持续发展提供有力保障。

（三）实施绩效评估，建立透明反馈机制

绩效评估作为财务绩效评价指标体系应用的核心环节，其公正性、客观性和准确性直接关系到绩效管理的成效。因此，企业必须严格按照既定的绩效评价指标体系和流程，开展员工绩效评估工作，确保评估过程的规范性和严谨性。

在绩效评估过程中，企业应注重数据的实证性和可追溯性。这意味着评估结果必须基于客观、真实的数据，且这些数据能够追溯到其来源和计算过程。为此，企业应建立完善的数据记录和存档制度，确保评估数据的完整性和准确性。同时，评估人员应具备专业的数据分析和解读能力，能够准确理解数据背后的含义，并据此做出公正的评估判断。此外，企业还应及时向员工提供绩效评估的反馈意见。反馈意见应明确指出员工在绩效方面的优点和不足，以及具体的改进方向和措施。这种具体、有针对性的反馈有助于员工清晰地了解自己的绩效表现，从而明确自己的努力方向。同时，透明的反馈机制还能增强员工对绩效考核的信任度和认同感，使员工更加积极地参与到绩效管理中来。

为了构建透明化的绩效反馈机制，企业应采取多种措施。例如，可以定期召开绩效评估会议，让员工有机会了解自己的评估结果和反馈意见；可以设立绩效申诉渠道，让员工对评估结果有异议时能够及时提出并得到公正处理；还可以加强绩效沟通，鼓励员工与上级、同事之间就绩效问题进行开放、坦诚的交流。

通过这些措施的实施，企业可以营造出一种良好的绩效管理氛围，促进团队内的良性互动和共同进步。在这种氛围中，员工会更加积极地投入工作中去，努力提升自己的绩效表现；同时，团队之间的合作也会更加紧密和高效，共同推动企业的发展和进步。

（四）优化资源配置，制定个性化激励措施

绩效评估作为企业管理的重要环节，其结果不仅反映了员工的工作表现，更应成为企业优化资源配置和制定激励措施的关键依据。通过深入分析员工的绩效评估结果，企业可以精准地掌握员工的能力水平、工作态度和潜在价值，从而为人力资源的合理配置提供科学依据。

具体而言，企业应根据员工的绩效评估结果，合理地调整人力资源配置。对于表现优秀的员工，企业应将其分配到更重要的岗位上，让他们承担更多的责任和挑战，以充分发挥他们的专业优势和最大价值。这种基于绩效评估的人力资源配置方式，不仅可以提高员工的工作满意度和成就感，还能有效提升企业的整体绩效和竞争力。

同时，为了激发员工的工作积极性和创造力，企业应制定个性化的激励措施。激励措施的设计应充分考虑员工的个体差异和需求多样性，以确保激励的有效性和针对性。在物质层面，企业可以设立奖金、晋升机会等激励手段，让员工感受到自己的付出得到了应有的回报。在精神层面，企业可以通过表彰、荣誉等方式，增强员工的归属感和荣誉感，激发他们的内在动力。

此外，企业还应注重激励措施的多样化和创新性。随着数字时代的到来，员工的工作方式和需求也在不断变化。因此，企业应积极探索新的激励方式，如灵活的工作制度、个性化的培训计划、丰富的员工福利等，以满足员工的不同需求，激发他们的创新潜力和工作热情。

综上所述，通过依据绩效评估结果优化资源配置并制定个性化激励策略，企业可以充分激发员工的工作积极性和创造力，推动企业在数字时代实现持续发展和创新突破。这种以员工为中心的绩效管理方式，不仅有助于提升企业的整体绩效和竞争力，还能增强员工的归属感和忠诚度，为企业的长远发展奠定坚实基础。

第二节　平衡计分卡与成本控制绩效

一、平衡计分卡概述

平衡计分卡这一用于评估企业管理绩效的工具，由哈佛商学院的卡普兰，以及诺朗诺顿研究所所长、美国复兴全球战略集团创始人诺顿，于20世纪90年代共同创立。相较于传统绩效考核方式，平衡计分卡规避了单纯聚焦短期经济指标的局限，将核心关注点置于长远战略目标之上。通过综合各类目标，在众多绩效评价维度中达成"平衡"，以此提升组织运营的质量与效率。作为一个完整体系，该理论在涵盖顾客、内部业务流程、创新与学习等方面的同时，助力组织将自身理念及使命陈述转化为可量化的绩效目标。

传统财务会计模式往往仅针对过往事项进行计量，对企业未来财务状况的预估与规划有所欠缺。为弥补这一不足，平衡计分卡构建了一个由四项指标构成的理论架构。该架构把企业愿景细化为四项具体指标，用以评估企业绩效。这四项指标分别为：财务、客户、内部流程及学习和成长。该理论指出，财务、客户、内部流程、学习和成长这四个方面存在如下因果关联：企业若期望取得良好的财务绩效，必须以出色的客户与市场表现作为支撑，如较高的市场占有率或销售增长率等；企业要在客户与市场层面展现优异表现，就必须具备持续优化与改进内部流程的能力，提升产品和服务的性价比，因为内部流程优化能力决定了企业运作效率的高低；而内部流程优化与再造能力，主要取决于企业员工在学习和成长方面所达到的水平。以上四个层面的目标相互连接，形成一条因果关系链条，促使企业资产协调统一，改进流程业绩，进而推动客户与股东取得成功。

二、平衡计分卡的优势分析

平衡计分卡作为绩效评价领域的一次深刻变革，其核心理念在于以企业战略为导向，巧妙融合了财务状况、客户价值、内部业务流程、学习创新与成长性这四大维度，构建了一个既包含财务指标又涵盖非财务指标的综合性绩效评价体系，尤其适用于商业银行等复杂组织结构的绩效评估。相较于传统的绩效评价方法，平衡计分卡展现出了以下几个方面的独特优势。

（一）与战略目标的深度耦合性

平衡计分卡作为一种前沿的绩效管理工具，其独特的设计理念与架构在企业财务绩效管理中展现出了显著的优势，尤为突出的便是其与战略目标的深度耦合性。这一耦合性体现在平衡计分卡的构建基石上，即其各项具体评价指标并非随意设定，而是直接根植于企业的战略规划中。这种设计确保了绩效评价体系与企业长远发展目标之间的紧密对接，使得企业的战略意图能够贯穿绩效管理的全过程，从而有效引导企业资源的合理配置和高效利用。

战略在企业管理中往往被视为一个相对抽象且宏观的概念，其落地实施需要具体的路径和措施。平衡计分卡通过战略地图这一可视化工具，将企业的宏观战略细化为一系列可操作、可衡量的具体目标。战略地图以清晰、直观的方式展现了企业战略目标与四个维度（财务、客户、内部流程、学习与成长）之间的内在联系，形成了一个有机统一的整体框架。这一框架不仅有助于企业管理层全面把握战略实施的关键路径，还为员工提供了明确的工作导向和绩效提升的方向。

更为重要的是，平衡计分卡通过其独特的评价机制，巧妙地将员工的个人利益与企业的整体绩效紧密相连。员工在追求个人职业发展和绩效提升的过程中,实际上也是在为企业的繁荣和发展贡献自己的力量。这种利益共同体的形成,极大地激发了员工提升绩效的内在动力,使得员工更加积极地投入工作中,为企业的战略目标实现贡献智慧和力量。

同时,企业的成长和发展也为员工提供了更广阔的晋升舞台和职业发展机会。随着企业绩效的不断提升,员工将有机会获得更多的培训和发展资源,进一步提升自己的专业技能和综合素质。这种企业与员工之间的良性互动,实现了企业与员工的双赢局面,为企业的可持续发展奠定了坚实的基础。因此,平衡计分卡与战略目标的深度耦合性,不仅确保了企业战略的有效落地实施,还促进了企业与员工的共同发展。

(二)四维度的全面绩效评价体系

传统的绩效评价方法,往往局限于财务指标的单一维度,过度倚重财务报表上的数字,而忽视了非财务信息在绩效评价中的重要作用。这种片面的评价方式,难以全面、准确地揭示企业的综合竞争力和潜在发展能力。相比之下,平衡计分卡则以其独特的四维度架构,打破了这一局限,为企业构建了一个全方位、多层次的绩效评价体系。

平衡计分卡的四个维度——财务状况、客户价值、内部业务流程、学习创新与成长性,各自承载着企业绩效评价的不同方面,共同构成了一个完整、系统的评价框架。财务状况维度,作为绩效评价的基础,主要关注企业的盈利能力、成本控制和财务风险等方面,通过具体的财务指标来反映企业的经济效益和财务状况。

客户价值维度,则强调了企业以客户为中心的经营理念,通过客户满意度、市场份额、客户保持率等指标,来评价企业在市场竞争中的客户吸引力和客户满意度水平。这一维度的引入,使得企业能够更加关注市场需求和客户变化,及时调整经营策略,提升市场竞争力。

内部业务流程维度,关注的是企业内部运营效率和流程优化。通过评价企业的生产流程、供应链管理、创新流程等内部业务流程的效率和效果,来揭示企业在内部管理方面的优势和不足。这一维度的评价,有助于企业发现内部运营中的瓶颈和问题，进而采取有针对性的改进措施，提升运营效率和管理水平。

学习创新与成长性维度，则强调了企业在知识经济时代的学习和创新能力。通过评价企业的员工培训与发展、技术创新投入、知识产权保护等方面的表现，来反映企业的学习能力和创新潜力。这一维度的引入，使得企业能够更加重视人才培养和技术创新，为企业的长期发展提供源源不断的动力和支持。

（三）强化企业内部协同合作的文化氛围

平衡计分卡作为一种先进的绩效管理工具，其独特之处不仅在于提供了全面、客观的绩效评价体系，更在于其能够引领和塑造企业内部协同合作的文化氛围。在平衡计分卡的指引下，企业的战略目标不再仅仅是高层管理者的蓝图和愿景，而是成了各部门和员工共同追求的方向标和行动指南。

这一共同目标的确立，使得各部门和员工的利益与企业的整体利益高度一致，形成了强大的向心力和凝聚力。在这种氛围下，每个部门、每位员工都深知自己的工作与企业的战略目标紧密相连，自己的绩效表现直接影响到企业战略目标的实现进程。因此，他们自发地、积极地投入企业战略目标的实现过程中，用自己的实际行动为企业的繁荣和发展贡献力量。

在战略的指挥下，部门间的壁垒被逐渐打破，团队合作的精神得到了前所未有的彰显。各部门之间不再各自为政、孤立无援，而是相互支持、协同作战。他们共同分享资源、交流信息、协调行动，形成了紧密合作的战略联盟。这种以战略目标为纽带的内部协同合作机制，不仅提高了各部门之间的沟通效率和协作能力，还极大地提升了企业的整体运营效率和竞争力。同时，平衡计分卡还通过其独特的评价机制和激励措施，进一步强化了企业内部协同合作的文化氛围。它鼓励员工之间的互助合作和团队精神，对在团队合作中表现突出的员工给予表彰和奖励。这种正向的激励和认可，使得员工更加珍视团队合作的价值和意义，更加积极地参与到团队合作中来。

（四）促进工作效率的显著提升

传统的绩效评价体系，往往采用自上而下的命令与控制模式，过分强调对执行结果的严格评价和监督，而忽视了员工在任务执行过程中的主观能动性和创造性。这种单一、僵化的评价方式，往往导致员工处于被动执行的状态，缺乏对工作任务的深入理解和积极投入，从而限制了工作效率的进一步提升。

相比之下，平衡计分卡则倡导了一种全新的、以战略目标为导向的管理方式。它鼓励员工在充分理解并认同企业战略目标的基础上，发挥个人的主观能动性和创造力，以更加积极、主动的态度去完成工作任务。这种管理方式不仅激发了员工的工作热情和积极性，还使他们在工作过程中更加注重思考和创新，从而有效提升了工作效率和质量。

同时，平衡计分卡还特别强调管理者与员工之间的双向沟通。它鼓励员工在工作中遇到难题时，能够主动与管理者进行沟通，提出自己的建设性意见和看法。这种开放的沟通氛围，不仅增强了员工对工作的参与度和归属感，还使管理者能够及时了解员工的工作状况和需求，从而更加有针对性地提供支持和帮助。

这种以沟通为基础、以目标为导向的管理方式，不仅促进了员工之间的合作与协作，还使整个企业形成了一个紧密团结、共同奋斗的团队。在这种团队氛围中，员工们相互支持、相互鼓励，共同面对工作中的挑战和困难。这种团队力量的凝聚和释放，极大地提高了整体的工作效率，推动了企业的持续健康发展。

三、基于平衡计分卡的企业成本控制绩效策略

在数字时代，企业成本控制已成为提升竞争力的关键因素之一。平衡计分卡作为一种全面的绩效管理工具，为企业成本控制提供了有力的策略支撑。以下是从平衡计分卡的四个维度出发，构建的企业成本控制绩效策略。

（一）财务维度：精细化成本管理，提升财务绩效

在财务维度，企业需重点优化成本结构，通过深入剖析财务数据，精准识别出高成本项目与业务环节。具体而言，企业可以优化资金结构，降低融资成本，如通过合理的融资组合和谈判策略，争取更优惠的融资条件。同时，应削减不必要的管理费用，提高成本效益，比如通过精简管理机构、优化管理流程等方式，减少不必要的开支。此外，成本预算与控制也是财务维度的重要策略。企业需制定科学合理的成本预算，将成本控制目标细化到各部门、各项目，确保成本控制工作的针对性和可操作性。在预算执行过程中，应加强监控，及时发现并纠正偏差，确保成本控制目标的实现。

（二）客户维度：提升客户价值，降低营销成本

在客户维度，企业需深入了解客户需求与偏好，通过满足客户个性化需求，提高客户忠诚度，这不仅会带来持续的订单和收益，还能减少因客户流失导致的营销成本增加。因此，企业应建立完善的客户反馈机制，及时收集并处理客户意见，不断优化产品和服务。同时，优化客户服务流程也是降低客户服务成本的有效途径。企业应简化客户服务流程，提高服务效率与质量，如通过在线服务平台、自助服务终端等方式，减少人工服务成本。同时，提升客户满意度也是降低营销成本的关键，满意的客户会更愿意推荐企业的产品和服务，从而带来更多的潜在客户。

（三）内部流程维度：流程再造与供应链优化，降低运营成本

在内部流程维度，企业可以通过流程再造来降低运营成本。运用信息技术对企业内部流程进行梳理与优化，消除冗余环节，提高流程效率。例如，通过自动化、数字化手段替代人工操作，减少人力成本；通过流程标

准化、规范化，提高工作效率和质量。此外，供应链成本管理也是内部流程维度的重要策略。企业应加强与供应商的合作，优化供应链管理，降低采购成本、库存成本与物流成本。通过建立长期稳定的合作关系、共享信息、协同计划等方式，实现供应链的整体优化和成本降低。

（四）学习与成长维度：提升员工能力，营造成本控制文化

在学习与成长维度，企业应注重员工培训与发展，为员工提供针对性培训，提升员工专业技能与成本控制意识。通过培训，使员工在日常工作中自觉关注成本节约，形成全员参与成本控制的良好氛围。同时，组织文化建设也是学习与成长维度的重要策略。企业应营造注重成本控制的企业文化氛围，鼓励员工创新。通过技术创新与管理创新，降低成本、提高效率。例如，鼓励员工提出改进工作流程、优化产品设计等创新建议，并给予相应的奖励和激励，激发员工的创新热情和积极性。

第三节 关键绩效指标（KPIs）在成本控制中的应用

一、关键绩效指标（KPIs）的内涵

关键绩效指标（Key Performance Indicators，以下简称 KPIs）作为现代企业管理中的重要工具，其内涵深刻且广泛，是连接企业战略与实际运营执行的桥梁。KPIs 并非随意设定的评价指标，而是基于企业长远发展的战略目标，经过精心设计和科学筛选的一系列关键性衡量标准。这些指标不仅具有高度的针对性和代表性，而且能够直接反映企业在追求战略目标过程中的核心绩效表现。具体而言，KPIs 是将企业的宏观战略目标进行层层细化与分解的产物。这一过程始于企业最高层的战略规划，通过逐级细分，将总体目标转化为各部门、各岗位乃至每位员工的具体工作目标和可衡量的绩效指标。这种转化不仅使得企业战略更加具有可操作性，也确保了每个层级和部门都能明确自身在战略实施中的角色与责任，从而形成上下一

心、协同推进的战略执行体系。

KPIs 的设立并非一成不变，而是需要根据企业内外部环境的变化、战略调整的需求以及实际运营情况进行动态优化。通过对这些关键指标的持续监控与深入分析，企业能够实时获取战略执行过程中的反馈信息，清晰了解自身在追求战略目标过程中的进展情况、存在的问题及潜在的改进空间。这种基于数据的绩效管理方式，不仅提高了企业管理的透明度和精准度，也为管理者提供了科学决策的重要依据，有助于企业及时调整战略方向，优化资源配置，确保战略目标的顺利实现。

二、关键绩效指标（KPIs）在成本控制中的优势

关键绩效指标（KPIs）在成本控制中的应用，不仅体现了现代企业管理的精细化与科学化，更在数字时代背景下展现出了其独特的优势，具体表现在以下几个方面。

（一）提升成本控制的精准性与针对性

KPIs 通过设定一系列具体、量化的指标，为企业的成本控制提供了明确的目标和衡量标准。这些指标通常与企业的成本结构、成本驱动因素等紧密相连，能够直接反映企业在成本控制方面的实际表现。通过对这些关键指标的精准监控与分析，企业可以更加准确地识别成本偏差的来源和程度，从而及时采取有针对性的纠正措施，确保成本控制在预设的合理范围内。这种精准性的提升，有助于企业更有效地管理成本，提高资源利用效率。

（二）增强成本控制的实时性与灵活性

在数字时代，大数据、云计算等先进技术的广泛应用为 KPIs 在成本控制中的实时监控和评估提供了可能。企业可以利用这些技术，实时收集、处理和分析成本数据，及时发现成本波动和异常变化。这种实时性的增强，使得企业能够更加迅速地应对市场变化、内部运营调整等带来的成本影响，

提高成本控制的灵活性和响应速度。通过实时监控，企业可以及时调整成本控制策略，确保成本控制的时效性和有效性。

（三）促进成本控制的持续改进与优化

KPIs 的定期监控和评估机制，为企业提供了一个持续改进成本控制的机会。通过定期对比关键绩效指标的实际表现与预期目标，企业可以深入分析成本控制过程中的成功经验和存在问题，总结教训，提炼出更加有效的成本控制策略和方法。这种持续改进的过程，不仅有助于企业不断优化成本控制流程，提高成本控制效率，还能够推动企业的成本管理水平不断提升，为企业的长期发展奠定坚实的基础。同时，通过 KPIs 的持续改进机制，企业还可以培养员工的成本控制意识，形成全员参与成本控制的良好氛围。

三、关键绩效指标（KPIs）在成本控制中的具体应用

在当今竞争激烈的市场环境中，成本控制已成为企业提升竞争力、实现可持续发展的关键要素。关键绩效指标（KPIs）作为一种有效的管理工具，在成本控制实践中发挥着至关重要的作用。以下是 KPIs 在成本控制实践中的具体应用策略。

（一）科学确定与成本控制紧密相关的关键绩效指标

在制定成本预算与计划之初，企业需进行全面的分析与评估。这包括基于历史数据的深入分析，以了解过往成本变动的趋势和规律；行业标杆的对比，以明确自身在行业中的成本控制水平；结合自身独特的战略目标、行业特性和业务模式，科学确定一系列与成本控制密切相关的关键绩效指标。这些指标应全面、准确地反映企业的成本状况，如成本降低率、成本占收入比例、单位产品成本、材料消耗率等。通过明确这些关键指标，企业不仅为后续的成本控制和绩效评估提供了清晰的基准，也为成本控制工作指明了方向。

（二）利用数字化工具高效收集关键数据和信息

在数字时代，数据的获取和处理变得前所未有的便捷。企业应充分利用 ERP 系统、数据分析软件、智能传感器等数字化工具，实时、准确地收集与关键绩效指标相关的数据和信息。这些数据可以来源于财务报表、成本会计系统、生产记录、采购订单、绩效评估报告等多个方面。通过数字化工具的辅助，企业可以确保数据的准确性和可靠性，提高数据处理的效率，为后续的数据分析和决策提供坚实的基础。

（三）深入分析和解释数据，揭示成本控制的内在规律

收集到数据后，企业需运用专业的数据分析方法和工具，如数据挖掘、统计分析、趋势预测等，对数据进行深入的分析和解释。通过比较实际成本与预算成本、历史成本之间的差异，企业可以揭示出成本控制的薄弱环节和潜在的成本超支风险。同时，通过对数据的深入挖掘，企业还可以发现成本控制的内在规律，如成本与销售量的关系、成本与生产效率的关系等，为制定更加有效的成本控制策略提供依据。

（四）制定针对性的控制措施，实现成本的有效降低

根据数据分析的结果，企业应制定针对性的成本控制措施。这些措施应涵盖生产流程、采购策略、能耗管理、员工效率等多个方面。例如，通过改进生产流程，减少生产过程中的浪费和损耗；通过优化采购策略，降低原材料和零部件的采购成本；通过加强能耗管理，降低能源消耗和排放；通过提高员工效率，减少人工成本和时间浪费。在制定控制措施时，企业应确保这些措施与关键绩效指标的改进紧密相关，以确保成本控制的有效性和针对性。

（五）实时监控和评估关键绩效指标，确保成本控制的持续性

企业应利用数字化工具，如仪表盘、实时监控系统等，对关键绩效指标进行实时监控和评估。通过比较实际表现与设定的目标，企业可以及时发现并纠正偏差，确保成本控制和绩效改进的持续性。同时，企业还应定期对关键绩效指标进行回顾和调整，以适应市场环境的变化和企业内部的发展需求。例如，当市场需求发生变化或企业战略目标调整时，企业应及时调整关键绩效指标，以确保成本控制策略的有效性和适应性。通过这种持续性的监控和评估，企业可以不断优化成本控制策略，提高成本管理的水平和效率，为企业的长期发展奠定坚实的基础。

关键绩效指标（KPIs）作为衡量组织、部门或个人在实现目标过程中表现的一系列量化指标，在数字时代企业财务成本控制与管理中发挥着重要作用。通过合理设定和应用KPIs，企业可以更加精准、高效地进行成本控制和管理，提高企业的经济效益和市场竞争力。同时，企业也应积极适应数字化转型，利用大数据、云计算等技术提升绩效管理水平，以适应日益激烈的市场竞争。

第四节　绩效反馈与持续改进机制

一、绩效反馈机制

绩效反馈作为绩效管理流程中的核心环节，其重要性不言而喻。它不仅是管理者对员工工作成效的正式评价，更是员工提高自我认知、了解工作成果以及明确未来改进路径的关键途径。在数字技术的强力驱动下，绩效反馈机制呈现出数据驱动、实时响应与个性化定制的新特征，为企业管理带来了前所未有的变革。

首先，从数据驱动的角度深入剖析，现代企业依托大数据、云计算、人工智能等前沿技术，能够高效收集并分析海量与员工绩效紧密相关的数据信息。这些数据涵盖了员工的工作成果、客户反馈、内部同事评价等多个维度，构成了绩效反馈的客观基础。通过数据算法的综合运算，企业能够得出更为科学、准确的绩效评价结果，使得绩效反馈不再仅仅依赖于主观判断，而是有了更为坚实的客观依据。

其次，实时性作为数字时代绩效反馈的另一显著特征，得益于数字化工具的广泛应用。绩效管理系统能够实时追踪和更新员工的绩效数据，确保管理者能够随时掌握员工的工作进度和绩效表现。这种即时性的数据反馈机制，使得管理者能够迅速识别员工的工作亮点与潜在问题，并及时给予相应的肯定或指导。对于员工而言，实时反馈有助于他们及时调整工作策略，优化工作流程，从而显著提升工作效率。

最后，个性化绩效反馈则是数字时代企业绩效管理的又一创新之举。企业根据员工的个人特征、职业发展需求及实际工作表现，量身定制绩效反馈内容。具体而言，企业会针对不同岗位的特点，设定差异化的绩效指标和评价标准。在绩效评价过程中，企业会充分考虑员工的个性化差异，为每位员工提供具有针对性的改进建议和发展规划。这种个性化的绩效反馈方式，不仅增强了员工的归属感和认同感，还激发了他们的工作积极性和创造力。

此外，数字时代的到来也促使绩效反馈方式发生了深刻变革。传统的面对面沟通或书面报告方式逐渐与线上平台相融合，形成了更为便捷、高效的绩效反馈新模式。企业利用内部管理系统作为绩效反馈的主要载体，将财务绩效报告以直观、易懂的可视化图表形式呈现出来。员工只需登录系统，即可随时查看个人及团队的绩效数据，全面了解自己的工作表现。同时，员工还可以在线与上级进行沟通交流，及时反馈自己的意见和想法。这种线上＋线下的混合反馈方式，打破了时间和空间的限制，极大地提高了绩效反馈的效率和透明度。

二、持续改进机制

持续改进机制作为绩效管理体系中的重要组成部分，其核心在于通过持续的评估、反馈与改进活动，不断提升员工个体的绩效水平，进而推动组织整体绩效的飞跃。在数字时代的大背景下，持续改进机制展现了动态调整、闭环管理及全员参与三大鲜明特点，为企业的绩效管理注入了新的活力。

动态调整特性体现在企业能够依据实时的绩效反馈数据，迅速对财务策略与业务流程进行灵活调整。随着市场环境的瞬息万变和企业战略目标的不断调整，绩效指标和评价标准也需要与之保持同步。数字化工具的应用，如数据分析平台、智能决策系统等，使得这种调整变得更加迅速且高效。企业能够实时捕捉市场动态，对绩效管理体系进行即时优化，以确保其始终与企业的战略目标保持一致。

闭环管理则是企业绩效管理流程中的关键环节。它从目标设定开始，经过绩效评估、绩效反馈，最终落实到改进措施的制定与实施，形成了一个完整且闭合的管理循环。在这个循环中，绩效反馈作为连接评估与改进的桥梁，发挥着举足轻重的作用。管理者通过绩效反馈，能够全面了解员工的绩效表现，明确改进方向，并据此制定切实可行的改进计划。而员工则可以根据反馈结果，及时调整自己的工作策略，努力提升工作效率和绩效水平。

全员参与是持续改进机制得以有效实施的重要保障。在数字技术的助力下，部门间的信息壁垒被打破，每个员工都能清晰地了解到自身工作与财务绩效之间的紧密联系。基层员工在日常工作中，一旦发现可以降低成本或提高工作效率的环节，便可以通过数字化沟通平台及时将这一信息反馈给管理层。管理层在收到反馈后，会迅速进行评估，并在确认其可行性后，立即实施相应的改进措施。例如，一线销售人员在与客户交流的过程中，发现客户对某种新的付款方式接受度较高，他们可以将这一信息反馈给财务部门。财务部门在收到反馈后，可以迅速优化收款流程，从而提高资金回笼速度。这种全员参与的模式，不仅激发了企业整体的创新活力，还促进了财务绩效的持续提升，为企业的长远发展奠定了坚实的基础。

三、绩效反馈与持续改进机制的结合

在数字时代的大潮中，绩效反馈与持续改进机制的紧密结合，对于提升企业财务绩效、增强市场竞争力具有举足轻重的意义。绩效反馈作为绩效管理过程中的关键输出，为管理者提供了深入了解员工绩效表现、明确改进方向的宝贵信息，同时，它也构成了持续改进机制启动与运行的重要基石。

通过绩效反馈，管理者能够全面、客观地掌握员工在工作中的实际表现，包括其达成的业绩、展现的能力、存在的不足及潜在的改进空间。这些信息不仅为员工的个人成长和发展指明了方向，也为企业制定针对性的改进措施、优化绩效管理体系提供了有力的数据支撑。管理者可以依据绩效反馈结果，识别出绩效管理体系中的薄弱环节，如评价指标的不合理性、评价过程的偏差等，从而为后续的改进工作提供明确的靶点。而持续改进机制，则是绩效反馈价值得以充分释放的关键路径。在数字技术的赋能下，企业能够以前所未有的速度和效率，对绩效管理体系进行持续的优化和完善。无论是调整绩效指标、改进评价方法，还是优化反馈流程、强化激励措施，企业都可以根据绩效反馈所揭示的问题和挑战，灵活调整策略，确保绩效管理体系始终与企业的战略目标保持高度一致。更为重要的是，绩效反馈与持续改进机制的深度融合，有助于在企业内部建立一种持续改进的文化氛围。在这种氛围中，员工被鼓励主动寻求反馈，积极参与改进，将个人成长与组织发展紧密相连。同时，管理者也更加注重倾听员工的声音，尊重员工的意见，通过持续的沟通和协作，共同推动企业的绩效提升和可持续发展。

　　综上所述，绩效反馈与持续改进机制的结合，不仅为企业优化绩效管理体系、提升员工和组织绩效水平提供了有力支持，更为企业建立持续改进的文化氛围、推动可持续发展奠定了坚实基础。在数字时代的浪潮中，这种结合将成为企业保持竞争力、实现长远发展的关键所在。

第六章　企业财务成本控制的风险管理

第一节　成本控制中的风险识别与评估

在现代企业管理和财务规划的宏大图景中，成本控制的风险管理无疑扮演着举足轻重的角色，它是企业稳健运营与可持续发展路径上的关键一环。风险识别与评估，作为风险管理流程的基石，其重要性不言而喻，它为企业财务健康与业务稳定性筑起了一道坚实的防线。本文将从企业财务成本控制的风险管理视角出发，深入剖析成本控制领域中风险识别与评估的精髓。

一、风险识别

风险识别是风险管理的第一步，其核心使命在于敏锐地捕捉并界定企业成本控制体系中所潜藏的各类风险。这一过程的成功实施，有赖于企业构建一套高效、灵敏的信息搜集与分析机制。该机制须具备全面性与准确性，以确保能够及时、准确地感知内外部环境的微妙变化，为风险评估与管理的后续步骤提供坚实、可靠的信息支撑。

（一）确定关键的成本费用业务流程

风险识别的首要且基础的任务，在于全面而清晰地勾勒出组织内部关键成本费用业务流程的详细轮廓。这一轮廓不仅涵盖了采购、生产、销售等核心环节，还要求企业深入每一个具体流程，细致剖析其内在的逻辑结构、操作流程及关键控制点。企业需要对每个环节的成本构成、费用支出、资源分配等进行详尽的分析，同时识别出那些可能潜藏风险隐患的关键节点。通过对这些流程的细致梳理和深入剖析，企业能够更加精准地定位那些对成本控制至关重要的环节，从而有的放矢地关注这些节点，为后续的风险识别工作奠定坚实的基础。

（二）识别潜在风险点

在明确了关键业务流程的详细轮廓后，企业需运用多种手段和方法，对每个成本费用业务流程中的潜在风险点进行深度挖掘和细致分析。这包括但不限于头脑风暴、专家深度访谈、工作危害分析法（Job Hazard Analysis，简称 JHA）及安全检查表分析法（Safety Check List，简称 SCL）等。以采购环节为例，企业需警惕供应商质量波动所带来的风险，这种风险可能源于供应商原材料的质量不稳定、交货期的不准时或售后服务的不完善等。这些风险不仅可能导致生产成本的意外攀升，还可能对产品质量造成负面影响，进而损害企业的市场声誉和竞争力。因此，企业需要对每个潜在风险点进行深入的剖析和评估，以确保能够及时发现并应对这些风险。

（三）分析风险来源

在识别出潜在风险点后，企业还需进一步追溯这些风险的来源，进行全方位的剖析。市场环境的风云变幻、企业内部管理的疏漏、人为操作的失误或系统故障等，都可能成为风险的源头。企业需要对这些风险来源进行深入的分析和判断，明确其产生的根源和可能的影响路径。通过细致剖析风险来源，企业能够更加准确地把握风险的本质和特性，为后续的风险评估与应对提供有力依据。

（四）评估风险影响

在完成了风险点的识别与来源分析后，企业还需要对每个潜在风险点可能对企业成本控制产生的影响进行初步评估与判断。这一步骤旨在从定性的角度，大致判断风险对企业成本控制目标的潜在威胁程度和可能影响范围。企业需要考虑风险发生的概率、影响程度及持续时间等因素，对风险进行初步的量化分析和评估。通过这一系列的识别与评估过程，企业能够更加全面地掌握成本控制中的风险状况，为后续的量化分析、风险应对策略的制定及企业的稳健运营与可持续发展提供有力的保障和支持。

二、风险评估

风险评估是在风险识别的基础上，对识别出的风险进行量化分析，以确定其可能对企业成本控制造成的影响。这一过程通常涉及风险的定性和定量分析，通过建立风险评估模型，使用风险矩阵等工具，帮助企业明确哪些风险是需要优先管理的。在成本控制的风险评估中，企业可以采用以下几种方法。

（一）定性风险评估

定性风险评估，主要依赖于对风险性质、特征及其潜在影响的详细描述和分析。其中，风险矩阵法作为一种直观且实用的工具，被广泛应用于此过程中。通过综合考虑风险的发生概率及其对企业的影响程度，风险矩阵能够将风险划分为不同的等级，从而实现风险的分级管理。定性风险评估的优点在于其简单易行，特别适用于初步的风险识别和评估阶段。然而，需要注意的是，由于其结果在很大程度上依赖于评估者的经验和判断，因此具有一定的主观性。

（二）定量风险评估

与定性风险评估相比，定量风险评估更加注重通过数据和数学模型来客观、准确地量化风险的影响和发生概率。概率分布分析、价值风险分析（Value at Risk，VaR）及决策树分析等，都是定量风险评估中常用的方法。这些方法的优点在于其结果的客观性和可量化性，能够为企业的决策提供科学的依据。然而，定量风险评估的实施成本相对较高，需要大量准确的数据和复杂的数学模型作为支撑。

（三）敏感性分析

敏感性分析是一种通过改变一个或多个关键变量（如材料成本、人工成本等），来观察其对成本结果影响的方法。这种方法简单直观，特别适用于初步的风险评估阶段。通过敏感性分析，企业可以迅速识别出哪些因素对成本控制具有重要影响，从而采取相应的管理措施。然而，需要注意的是，敏感性分析无法考虑变量之间的相互影响，因此其结果具有一定的局限性。

（四）情景分析

情景分析是一种通过构建不同的未来情景（如乐观情景、悲观情景等），来评估其对成本结果影响的方法。这种方法能够全面考虑不同情景下的风险状况，特别适用于复杂且多变的环境下的风险评估。通过情景分析，企业可以更加准确地预测未来可能面临的风险，并制定相应的应对策略。然而，情景分析的实施成本也相对较高，需要大量数据和合理的假设作为支撑。

（五）蒙特卡罗模拟

蒙特卡罗模拟（Monte Carlo method）是一种通过大量随机模拟来评估风险发生概率和影响的方法。这种方法能够全面考虑不确定性和复杂性，其结果具有客观性和可量化性。通过蒙特卡罗模拟，企业可以更加准确地评估风险对企业成本控制的具体影响，从而为决策提供科学依据。然而，需要注意的是，蒙特卡罗模拟同样需要大量数据和计算资源作为支撑，因此其实施成本也相对较高。

成本控制中的风险识别与评估是企业财务风险管理的重要组成部分。通过系统的方法识别潜在风险，并采用定性和定量评估工具对风险进行量化分析，企业可以更加准确地了解自身面临的风险状况，从而制定有效的风险管理策略，确保成本控制的有效性和稳定性。这一过程需要企业各部门共同协作，形成合力，以构建完善的财务风险管理体系。

第二节　内部控制体系在成本控制中的应用

在企业的日常运营中，财务成本控制是确保企业经济效益和市场竞争力的重要环节。内部控制体系作为防范风险、保障企业经营目标实现的重要手段，在成本控制中发挥着不可或缺的作用。从风险管理视角研究内部控制体系在成本控制中的应用，有助于企业精准识别、评估和应对成本控制过程中的风险，从而优化成本管理，提升经济效益。

一、内部控制体系在财务成本控制和风险管理中的作用

（一）识别与评估风险

内部控制体系通过构建一套系统而完善的制度框架，为企业财务活动提供了全方位的监控和管理手段。这一体系不仅能够实时捕捉企业财务活

动中的异常信号，还能够深入挖掘潜在的财务风险。这些风险可能源自市场需求的剧烈波动、产品售价的不稳定以及产品成本的异常变动等多个维度。内部控制体系凭借其敏锐的风险识别能力，能够迅速锁定这些风险点，并通过科学的量化评估方法，对风险的可能发生概率及潜在影响程度进行精确测算。这一过程不仅为企业管理层提供了清晰的风险画卷，还为后续制定针对性强、效果显著的风险应对策略奠定了坚实基础。在具体实践中，内部控制体系通过设立风险识别指标、建立风险评估模型等方式，实现了对财务风险的精准捕捉和全面评估。这些指标和模型结合了企业的历史财务数据、市场趋势分析及行业对比信息，确保了风险评估的准确性和可靠性。

（二）规范财务活动流程

内部控制体系在规范企业财务活动流程方面发挥着至关重要的作用。它通过制定明确的操作流程和责任分工，确保了企业财务活动的有序进行。这一体系不仅规定了各项财务活动的具体执行步骤，还明确了各环节的责任人和监督机制，从而大大减少了人为失误和错误操作的可能性。在成本控制方面，内部控制体系的规范作用尤为显著。它以严格的流程控制为手段，确保了成本支出的合理性和必要性。例如，在采购环节中，内部控制体系通过规定采购流程的标准操作步骤、明确采购人员的职责权限及设立采购监督机制，有效防止了采购过程中的浪费和舞弊行为。这不仅提高了采购成本的控制效率，还确保了采购决策的合法性和合规性。此外，内部控制体系还通过定期审计和检查等方式，对财务活动流程的执行情况进行监督和评估。这有助于及时发现和纠正流程中的漏洞和缺陷，从而不断完善和优化财务活动流程，提升成本控制的整体效能。

（三）提供风险预警与应对机制

内部控制体系的一个重要功能是其内置的风险预警机制。这一机制通过实时监控企业的财务数据和指标，能够及时发现并预警潜在的财务风险。

当实际支出接近或超过预算限额时，或者当出现其他异常财务情况时，风险预警机制会自动触发警报系统，向管理层发出明确的警示信号。除了风险预警功能外，内部控制体系还提供了一套完善的风险应对机制。这套机制根据预警信号的类型和严重程度，为管理层提供了相应的应对策略建议。例如，在外汇风险管理方面，内部控制体系可以结合企业的历史交易记录和市场环境分析，预测未来可能发生的外汇损失，并推荐合适的套期保值工具或策略来规避或减轻损失。这种前瞻性的风险应对方式，不仅有助于企业及时采取措施调整财务策略，还能最大限度地减少潜在损失，保障企业的财务安全。

二、内部控制体系在成本控制中的应用策略

（一）完善内部控制环境

1.强化企业管理层的成本控制意识

企业管理层作为企业的决策者和领导者，其成本控制意识的强弱直接影响着整个企业的成本控制效果。因此，必须强化企业管理层的成本控制意识，使其充分认识到内部控制体系在成本控制中的核心作用。管理层应以身作则，通过自身的言行举止，积极传递成本节约的理念，推动成本控制文化的建设。具体而言，管理层可以制定明确的成本控制目标和战略，将这些目标和战略与企业的长期发展规划相结合，确保成本控制在企业战略层面得到足够的重视。同时，管理层还应通过培训、会议等多种形式，向全体员工灌输成本控制的重要性，引导员工树立成本节约意识，将成本控制理念贯穿于企业的各项经营活动中。

2.优化企业组织架构

企业组织架构的合理性直接影响着内部控制体系的运行效率和成本控制的效果。因此，必须优化企业组织架构，合理设置成本控制相关部门和岗位。在设置部门和岗位时，应充分考虑成本控制的需求和特点，确保各部门和岗位的职责和权限明确清晰，避免职责不清和权力交叉导致的效率

低下和责任推诿。同时，还应建立健全的绩效考核制度，将成本控制指标纳入绩效考核体系，通过合理的激励机制，激发员工参与成本控制的积极性和主动性。具体而言，可以将成本控制效果与员工的薪酬、晋升等挂钩，让员工切实感受到成本控制带来的实际利益，从而更加积极地投入成本控制工作中去。

（二）加强风险评估与应对

1.建立动态的风险评估机制

市场环境和企业内部经营状况是不断变化的，因此，风险评估机制也必须保持动态性，以适应这些变化。企业应建立一套灵活的风险评估指标和方法体系，并根据市场环境和企业内部状况的变化，及时更新和调整这些指标和方法。这样，才能确保对财务成本控制风险的准确识别和评估，为后续的风险应对提供可靠的基础。同时，企业还应定期对风险评估结果进行分析和总结，深入挖掘潜在风险的变化趋势和规律。通过对风险评估结果的深入剖析，企业可以及时发现风险点的新变化，从而调整风险评估的重点和方向。这有助于企业更加精准地把握风险状况，为制定和调整风险应对策略提供有力的依据。

2.制定多样化的风险应对策略

风险评估的结果为制定风险应对策略提供了基础。企业应根据风险评估的结果，针对不同类型的风险，制定相应的应对策略。对于市场风险，如原材料价格波动风险，企业可以通过签订长期采购合同、采用套期保值等金融工具来降低风险；对于运营风险，如业务流程不畅、员工操作失误等，企业可以通过优化业务流程、加强员工培训和提高管理水平等措施来提高运营效率，降低成本。此外，企业还应建立风险预警机制，设定合理的风险指标阈值。当风险指标达到或超过设定的阈值时，预警机制应及时发出预警信号，提醒企业管理层和相关部门采取应急措施。因此，企业可以在风险发生前或初期就采取有效的应对措施，将风险控制在可接受的范围内，避免或减少风险带来的损失。

（三）优化控制活动流程

1.完善预算管理体系

预算管理体系是成本控制的核心工具之一。为了提高预算的准确性和科学性，企业应细化成本预算编制，采用更为先进的预算编制方法，如零基预算和滚动预算。零基预算要求对每个成本项目都进行重新评估，确保资源的合理分配；而滚动预算则能够随着市场环境和企业内部状况的变化及时调整预算，保持预算的时效性和灵活性。

在预算执行过程中，企业应加强监控和分析，及时发现并纠正预算执行偏差。这要求企业建立一套完善的预算执行监控机制，对预算执行情况进行实时跟踪和记录，并分析偏差产生的原因。针对偏差，企业应采取针对性的措施进行调整，确保预算目标的实现。此外，建立预算考核与奖惩制度也是完善预算管理体系的重要环节。通过对预算执行情况的考核，企业可以激励各部门和个人积极参与成本控制工作，提高预算执行的积极性和主动性。对于预算执行情况良好的部门和个人，企业应给予适当的奖励；对于未完成预算目标的部门和个人，则应进行相应的惩罚，以维护预算的严肃性和权威性。

2.规范授权审批流程

授权审批流程是内部控制体系中的重要组成部分，对于防止权力滥用和违规审批行为具有至关重要的作用。企业应明确授权审批的范围、权限和流程，确保授权审批的合理性和有效性。这要求企业建立一套完善的授权审批制度，对各类成本支出的审批权限和流程进行明确规定。

对于重大成本支出，企业应实行集体决策和联签制度，防止个人独断专行。集体决策能够集思广益，提高决策的科学性和合理性；联签制度则能够确保审批过程的透明度和可追溯性。同时，企业还应加强对授权审批过程的监督，防止权力滥用和违规审批行为的发生。这要求企业建立一套完善的监督机制，对授权审批过程进行实时监控和记录，并定期对审批情况进行审查和审计。通过监督机制的建立和执行，企业可以确保授权审批流程的合规性和有效性，为成本控制提供有力的保障。

（四）提升信息与沟通效率

1.构建信息化成本管理平台

信息化成本管理平台是提升企业成本控制能力的关键工具。通过利用先进的信息技术手段，企业可以整合内部各部门的成本信息，实现成本数据的实时共享和动态更新。这一平台不仅能够确保数据的准确性和时效性，还能通过成本管理软件对海量数据进行深入分析和挖掘，揭示成本变动的规律和趋势。成本管理软件的应用，使企业能够更精准地识别成本控制的关键点和潜在优化空间。通过对成本数据的细致分析，企业可以制定更科学的成本控制策略，为管理层提供有力的数据支持。此外，信息化平台还能提高成本控制的透明度和可追溯性，有助于企业建立更加完善的成本控制体系。

2.加强内部沟通与协作

有效的内部沟通与协作是成本控制成功的关键。企业应建立定期的成本控制沟通会议制度，为各部门提供一个交流工作进展、问题及解决方案的平台。这种定期的沟通机制有助于及时发现成本控制中的问题，并集思广益寻求最佳解决方案。同时，加强跨部门之间的协作至关重要。企业应打破部门壁垒，促进不同部门之间的信息共享和资源整合。通过跨部门协作，企业可以更全面地审视成本控制的全局，共同解决成本控制中的难题。此外，企业还应鼓励员工提出成本控制的新想法和建议，以激发全员的成本控制意识。除了内部沟通，企业还应加强与外部利益相关者的沟通。通过及时了解市场动态和客户需求，企业可以调整成本控制策略，以适应外部环境的变化。与外部利益相关者的良好沟通，有助于企业建立更紧密的合作关系，共同应对市场挑战。

（五）强化内部监督与评价

1.加强内部审计工作

内部审计是内部控制体系中的重要组成部分，它扮演着"守护者"的角色，确保各项内部控制措施得到严格执行。为了提高内部审计部门的独立性和权威性，企业应确保内部审计部门在组织结构、人员配置和工作流程上保持独立性，不受其他部门或个人的干扰，内部审计工作才能客观、公正地开展，为企业的成本控制提供有力的保障。

内部审计部门应定期对成本控制的内部控制制度进行审计，这是其核心职责之一。在审计过程中，应重点审查成本核算的合规性，确保成本数据真实、准确；同时，还要审查成本控制措施的执行情况，评估其是否有效降低了企业成本。对于审计中发现的问题，内部审计部门应及时提出整改建议，并跟踪整改落实情况，确保问题得到彻底解决。

2.建立内部控制评价机制

内部控制评价机制是确保成本控制体系持续有效的关键。企业应定期对内部控制体系在成本控制中的有效性进行评价，这有助于及时发现内部控制体系存在的不足之处，并进行改进和完善。

评价内容应涵盖内部控制环境的各个方面，包括企业管理层的成本控制意识、组织架构的合理性等；同时，还要对风险评估、控制活动、信息与沟通、内部监督等关键要素进行评价。通过全面的评价，企业可以全面了解内部控制体系的运行状况，为后续的改进工作提供有力依据。在评价过程中，企业应注重客观性和公正性，确保评价结果真实反映内部控制体系的实际情况。对于评价中发现的问题，企业应及时制定改进计划，并明确责任人和完成时限，确保改进工作得到有效落实。

从财务成本控制的风险管理角度来看，内部控制体系在成本控制中具有不可替代的作用。通过完善内部控制环境、加强风险评估与应对、优化控制活动流程、提升信息与沟通效率以及强化内部监督与评价等一系列措施，企业能够有效识别、评估和应对财务成本控制过程中的风险，实现成本的精细化管理，提升企业的经济效益和竞争力。在未来的发展中，随着市场环境的不断变化和企业经营管理的日益复杂，企业应不断完善内部控制体系，使其更好地适应成本控制的需求，为企业的可持续发展提供有力保障。

第三节　风险管理工具与技术介绍

在企业财务成本控制与管理中，风险管理是不可或缺的一环。有效的风险管理工具与技术能够帮助企业识别、评估、控制和应对潜在的财务风险，从而保障企业的财务健康与稳健发展。

一、风险评估工具与技术

（一）SWOT 分析

SWOT 分析作为一种经典且广泛应用的风险评估工具，其核心在于对企业的优势（Strengths）、劣势（Weaknesses）、机会（Opportunities）和威胁（Threats）进行全面、系统的评估和分析。这一工具不仅要求企业深入剖析自身的内部资源与能力，明确自身的竞争优势和劣势所在，还要求企业敏锐地洞察外部环境的动态变化，识别出市场中存在的机遇及可能对企业构成威胁的因素。通过 SWOT 分析，企业能够构建一个全面的风险认知框架，从而有效地识别出那些可能影响财务成本控制的风险因素，为后续的风险管理决策提供关键信息支持。

（二）风险矩阵、风险指数和风险优先级排序

在风险评估的过程中，风险矩阵、风险指数和风险优先级排序等方法发挥着至关重要的作用。这些方法通过科学的量化手段，对潜在风险进行

概率和影响程度的双重评估。风险矩阵通常将风险的概率和潜在影响进行交叉分析，形成风险等级图，直观展示各风险点的相对重要性。风险指数则是对风险进行量化评分的指标，通过计算风险指数，企业可以更加精确地了解风险的大小和严重程度。而风险优先级排序则是基于风险矩阵和风险指数的结果，对风险进行排序，确定风险管理的先后顺序。这些方法的综合运用，使企业能够更加清晰地了解各项风险的重要性，从而有针对性地制定风险管理策略，确保资源的有效配置和风险管理的高效实施。

（三）历史数据分析

历史数据分析作为一种基于经验的风险评估方法，其在企业财务成本控制的风险管理中同样具有不可忽视的作用。通过对企业历史财务数据的深入挖掘和分析，企业可以发现过去的财务风险事件及其发展趋势。这些历史数据不仅包含了企业过去的财务表现，还隐含了风险发生的规律和模式。通过运用统计分析、数据挖掘等技术手段，企业可以从历史数据中提取出有价值的信息，为预测未来可能面临的风险提供有力依据。历史数据分析不仅能够帮助企业识别出潜在的风险点，还能够为制定风险应对措施提供数据支持，从而增强企业财务成本控制的预见性和针对性。

二、风险控制工具与技术

（一）内部控制制度

内部控制制度作为企业财务风险控制的核心工具，是一套涵盖风险识别、风险评估、风险控制和风险监控等环节的规范和程序。这套制度旨在确保企业财务活动的合规性，同时保证风险管理的有效性。通过建立完善的内部控制制度，企业能够形成一套系统化的风险管理流程，确保财务风险在发生之初就能得到及时识别和控制。内部控制制度的实施，不仅有助于规范企业的财务行为，还能提高风险管理的效率和准确性，为企业的稳健发展提供有力保障。

（二）风险审查

风险审查是企业对财务活动进行全面细致审查和检查的过程，旨在发现可能存在的风险隐患。这一过程通常通过内部审计和外部审计两种方式来实现。内部审计由企业内部的专业团队负责，对企业的财务活动、内部控制和风险管理进行独立、客观的评价和监督。外部审计则由专业的审计机构进行，对企业的财务报表和财务活动进行公正、客观的审计。通过风险审查，企业能够及时发现并解决潜在的财务风险问题，防止风险进一步扩大和恶化。

（三）保险

保险作为企业风险控制的重要工具，可以通过购买各种类型的保险来转移财务风险。这些保险包括财产保险、责任保险、人身保险等，能够在财务损失发生时提供经济赔偿，减轻企业的财务压力。通过合理利用保险机制，企业可以将部分风险转移给保险公司，从而降低自身承担的风险水平。同时，保险还能为企业提供一定的风险保障，增强企业的抗风险能力。

（四）衍生品

衍生品市场为企业提供了对冲价格波动风险的有效途径。通过利用期货合约、期权合约、互换合约等衍生品工具，企业可以锁定成本或收益，从而有效管理财务风险。衍生品交易具有灵活性和杠杆效应等特点，能够使企业以较低的成本实现对冲风险的目的。然而，衍生品交易也存在一定的风险性，企业需要谨慎选择交易品种和交易策略，确保风险得到有效控制。

（五）多元化投资

多元化投资是企业通过投资多种资产类别或多个市场来降低投资组合风险的有效策略。通过多元化投资，企业可以避免过度依赖某一种资产或市场，从而降低财务风险。同时，多元化投资还能够提高投资组合的收益稳定性和抗风险能力。企业需要根据自身的风险承受能力和投资目标来制定合理的多元化投资策略，确保投资风险得到有效控制。

（六）债务管理

债务管理是企业通过合理安排债务结构来降低财务风险的重要手段。这包括选择适当的融资方式、利率类型和期限等。通过债务管理，企业可以优化资本结构，降低融资成本，从而有效控制财务风险。同时，债务管理还能够提高企业的偿债能力和信用评级，为企业的融资活动提供有力支持。

（七）资金管理

资金管理是企业有效管理资金流动的重要环节。这包括现金管理、资金预测和资金调拨等方面。通过资金管理，企业可以确保资金的充足性和流动性，避免资金短缺或过剩导致的财务风险。同时，资金管理还能够提高企业的资金使用效率和收益水平，为企业的稳健发展提供有力保障。企业需要建立完善的资金管理制度和流程，确保资金管理的规范性和有效性。

三、风险应对技术

（一）风险再分配

风险再分配是一种通过市场交易或金融工具，将一部分财务风险转移给其他方的风险应对技术。在市场经济条件下，企业可以通过各种金融衍生工具，如期货、期权、互换等，将特定的财务风险（如价格风险、汇率风险等）转移给愿意承担这些风险的投资者或金融机构。通过风险再分配，企业能够降低自身的财务风险敞口，减轻因风险事件导致的财务压力，从而更好地控制成本。同时，这种市场化手段的风险转移方式也有助于提高风险管理的效率和灵活性，使企业能够更加专注于核心业务的发展。

（二）应急计划

应急计划是企业为应对突发财务风险事件而制定的一套预案。它包括了预案制定、资源准备、团队组织等多个方面，旨在确保在风险事件发生时，企业能够迅速、有效地做出反应，减少财务损失。应急计划的制定需要充分考虑各种可能的风险情景，并有针对性地制定应对措施和流程。同时，企业还需要提前准备好必要的资源，如资金、物资、人力等，以确保在风险事件发生时能够迅速调动和使用。通过制定和实施应急计划，企业能够提高自身的风险应对能力和抗风险韧性，确保在风险事件中保持稳定的成本控制。

（三）资金规划和管理

良好的资金规划和管理是企业应对财务风险的重要技术之一。它要求企业合理安排资金的使用和流动，储备足够的流动资金以应对可能发生的财务风险。资金规划需要根据企业的业务需求和风险状况来制定，确保资金在满足日常经营需要的同时，也能够应对突发风险事件。资金管理则需要建立完善的制度和流程，确保资金的安全性和流动性。通过良好的资金规划和管理，企业可以确保在风险发生时有足够的资金应对，避免财务风险对成本控制造成不利影响。同时，这也有助于提高企业的资金使用效率，为企业的稳健发展提供有力保障。

四、其他辅助工具与技术

(一)财务报表分析

财务报表分析是利用利润表、资产负债表等财务报表,对企业的财务状况、经营成果和现金流进行深入剖析的过程。通过财务报表分析,使企业明确自身的财务状况,从而发现潜在的问题和风险。比如,通过分析利润表,企业可以了解自身的盈利能力、成本结构和利润来源;通过分析资产负债表,企业可以掌握自身的资产状况、负债结构和所有者权益情况;通过分析现金流量表,企业可以了解自身的现金流入流出情况,判断企业的现金流是否充足。这些信息为企业的财务成本控制和风险管理提供了重要依据,帮助企业及时发现问题、采取措施,确保财务目标的顺利实现。

(二)财务软件

财务软件如用友畅捷通等,是现代企业财务管理中不可或缺的工具。它们提供了自动化记账、报表生成、预算控制等一系列功能,极大地提高了财务工作的效率。通过财务软件,企业可以实现财务数据的实时录入和处理,避免了手工记账的烦琐和易错;同时,财务软件还能自动生成各种财务报表,为企业的决策提供了及时、准确的信息支持。此外,财务软件还提供了预算控制功能,帮助企业更好地管理成本、控制支出。总之,财务软件的应用使得企业的财务工作更加高效、准确,为财务成本控制和风险管理提供了有力的技术支持。

(三)风险管理咨询

风险管理咨询是借助专业机构或专家的咨询服务,对企业的财务风险进行评估和管理的过程。专业的风险管理咨询机构或专家拥有丰富的风险管理经验和专业知识，能够为企业提供针对性的风险管理建议。通过风险管理咨询，企业可以了解自身的风险管理状况，发现潜在的风险点，并获得专业的改进建议。这些建议可以帮助企业完善风险管理体系、提高风险管理水平，从而更好地控制成本、降低风险。同时，风险管理咨询还能为企业提供培训和支持，帮助企业提升自身的风险管理能力。

第四节　应对成本超支与预算偏差的策略

一、成本超支与预算偏差的风险识别

在企业财务管理实践中，成本超支与预算偏差构成了两大核心风险点，其潜在影响深远且复杂，要求企业必须具备高度的风险敏感性及有效的识别机制。成本超支，作为一种常见的财务异常现象，不仅可能直接导致企业资金链的紧张状态，进而威胁到日常运营的稳定性和连续性，还可能在极端情况下触发债务危机，危及企业的生存根基。这一风险的严重性在于，它往往伴随着资金流动性的急剧下降，使得企业难以应对突发的市场变化或抓住有利的发展机遇。

相较于成本超支的即时冲击，预算偏差的长期存在则对企业战略规划的制定与实施构成了更为隐性的挑战。预算作为企业资源配置和战略目标实现的重要工具，其准确性和可靠性直接关乎决策的有效性和效率。当预算与实际支出出现持续性偏差时，企业战略规划将失去坚实的数据基础，导致决策方向发生偏离，可能错失市场良机或陷入不必要的竞争劣势。

为了有效应对这些风险，企业需构建一套系统而全面的风险识别体系。这一体系的构建应基于对历史数据的深入挖掘与分析，通过运用统计学方法、数据挖掘技术等手段，揭示成本变动和预算执行的内在规律。同时，结合行业动态与企业自身业务特点，对可能影响成本超支与预算偏差的外部和内部因素进行全面梳理。首先是外部因素方面，市场价格波动是一个不可忽视的重要风险源。原材料、人力成本等关键资源价格的上涨，会直

接推高企业的生产成本，进而引发成本超支。此外，项目范围变更也是导致成本超支的常见原因，特别是在项目执行过程中，客户需求的变化或技术难题的出现，都可能迫使企业调整项目计划，从而增加额外支出。其次是内部因素方面，企业管理水平的高低直接影响着成本控制和预算执行的效果。内部管理不善，如采购流程不规范、成本控制意识薄弱、预算编制方法不科学等，都可能导致成本超支和预算偏差的发生。因此，在构建风险识别体系时，企业应重点关注这些内部管理环节，通过优化流程、加强培训、改进方法等措施，提升内部管理的科学性和有效性。

综上所述，企业需通过深入分析历史数据、紧密跟踪行业动态、全面梳理业务特点，构建一套涵盖内外部因素的风险识别体系，以精准识别成本超支与预算偏差可能带来的风险，为后续的风险应对和管理提供有力支撑。

二、应对成本超支的策略

（一）构建实时监控与预警机制体系

为有效应对成本超支风险，企业需建立一套完善的成本实时监控系统。这一系统应充分利用信息化技术的优势，实现对各项成本支出的全面、实时跟踪，确保成本数据的准确性和时效性。在具体实施过程中，企业应设定合理的成本预警阈值，这一阈值应根据企业的历史成本数据、行业平均水平及未来市场趋势等多方面因素综合确定。一旦成本支出接近或超出预警阈值，系统应立即发出预警信号，通过短信、邮件等多种方式及时通知相关负责人。例如，某制造企业通过引入先进的成本管理软件，实现了对原材料采购成本、生产能耗成本等关键成本项目的实时监控。当某项成本超出预设范围时，系统会自动触发预警机制，向采购部门、生产部门等相关负责人发送预警信息，以便他们能够及时采取措施，调整成本支出计划，避免成本超支的发生。

（二）优化成本控制措施，提升成本管理效能

针对成本超支的原因，企业应深入分析，找出问题的根源，并有针对性地优化成本控制措施。若成本超支是由于原材料价格上涨导致的，企业可以通过与供应商重新谈判，争取更优惠的价格；或者寻找替代原材料，降低采购成本；还可以优化采购策略，如采用集中采购、联合采购等方式，提高采购效率，降低采购成本。具体来说，企业可以与供应商签订长期合作协议，约定价格波动调整机制，确保在原材料价格波动时，企业能够享受到相对稳定的采购价格。同时，企业还可以积极开发新的供应商资源，引入竞争机制，促使供应商提供更加优质的服务和价格。对于因生产流程不合理造成的成本浪费，企业应进行流程再造，通过优化生产布局、改进生产工艺、提高生产效率等方式，降低单位生产成本。

（三）强化应急资金储备与融资规划，保障资金安全

为应对可能出现的成本超支情况，企业应提前规划应急资金储备。应急资金的规模应根据企业的规模、业务特点以及风险承受能力等多方面因素合理确定，确保在成本超支时能够及时填补资金缺口，维持企业的正常运转。同时，企业应制定灵活的融资规划，确保在内部资金无法满足需求时，能够迅速通过外部融资渠道获取资金。在与金融机构的合作方面，企业应积极与银行等金融机构建立良好的合作关系，提前获得一定额度的授信。这样，在需要时企业可以快速获得贷款，缓解资金压力。此外，企业还可以考虑通过发行债券、股权融资等方式拓宽融资渠道，提高融资灵活性。同时，企业应加强资金风险管理，确保资金的安全性和流动性，为应对成本超支等风险提供有力的资金保障。

三、应对预算偏差的策略

（一）优化预算编制方法，提升预算准确性

为有效应对预算偏差，企业需采用更加科学合理的预算编制方法，以提高预算的准确性和适应性。传统的固定预算编制方法往往难以适应快速变化的市场环境和业务发展需求，因此，企业应摒弃这一单一方法，结合滚动预算、零基预算等多种编制方法，充分考虑市场变化、业务发展以及内部资源状况等多方面因素。滚动预算是一种动态调整的预算编制方法，它根据实际执行情况定期对预算进行调整和修订，使预算更加贴合实际业务发展。通过滚动预算，企业可以及时发现并纠正预算执行过程中的偏差，确保预算的时效性和有效性。而零基预算则强调一切从实际需要出发，重新审视各项预算支出的必要性和金额，避免因历史数据延续导致的预算僵化或偏差。企业应结合自身特点，灵活运用这些预算编制方法，提高预算的准确性和灵活性。

（二）加强预算执行监督，及时调整预算方案

预算执行过程中的监督与调整是应对预算偏差的关键环节。企业应建立严格的预算执行监督机制，确保预算执行过程的规范性和严肃性。这包括定期对预算执行情况进行评估和分析，及时发现偏差并查找原因，以及针对偏差采取相应的调整措施。例如，某企业在项目执行过程中，因政策调整导致业务范围发生变化，原预算方案已无法适应新的业务需求。在此情况下，企业及时对预算进行了相应调整，重新分配了资源，确保了项目的顺利推进。这种灵活的预算调整机制有助于企业应对外部环境变化带来的挑战，保持预算的有效性和适应性。

（三）强化部门间沟通与协同，减少预算偏差

预算偏差往往与部门间沟通不畅、协同不足有关。为减少预算偏差的发生，企业应加强内部各部门之间的沟通与协同，打破信息壁垒，形成合力。在预算编制阶段，各部门应充分参与，提供准确的业务信息和数据支持，确保预算的科学性和合理性。同时，企业还应建立跨部门的沟通协调机制，确保在预算执行过程中，各部门能够及时共享信息，对于可能影响预算的事项进行及时沟通协调。具体来说，企业可以定期召开预算执行分析会议，邀请各部门负责人参加，共同分析预算执行情况，讨论存在的问题和解决方案。此外，企业还可以利用信息化手段，建立预算管理系统，实现预算数据的实时共享和监控，提高预算管理的效率和准确性。通过这些措施，企业可以加强部门间的沟通与协同，共同应对预算偏差的挑战。

第七章　企业财务成本控制与管理策略探究

第一节　企业财务管理与成本控制的关系

在企业运营管理的宏观框架下，企业财务管理与成本控制之间存在着一种密不可分且相互依存的紧密关系。财务管理，作为企业管理体系中的核心组成部分，其涵盖了资金筹集、资金分配、资金使用及资金回收等多个关键环节，这些环节不仅构成了企业财务活动的主体，同时，也是成本控制策略得以实施的重要基石。换言之，成本控制作为企业追求经济效益最大化的重要手段，其有效实施在很大程度上依赖于财务管理体系的完善与高效运作。

具体来说，企业财务管理在资金筹集阶段，需要充分考虑成本控制的因素。合理的资本结构规划，既能降低融资成本，又能确保企业资金的流动性与安全性，为后续的成本控制奠定坚实的基础。在资金分配及使用环节，财务管理通过预算控制、成本预测等工具，对各项支出进行精细化管理，确保每一分资金都能用在刀刃上，从而实现成本的有效控制。这一过程不仅关乎企业当前的财务健康，更对企业长期发展的稳定性产生深远影响。

从企业经营管理的角度出发，企业运营发展阶段所产生的总支出与总收入之间的差额，即为企业利润。企业管理人员在履行管理职责时，无不以利润最大化为终极目标。而要实现这一目标，就必须对企业的支出成本进行严格把控。在总收入保持相对稳定的前提下，通过优化成本结构、减少不必要的开支，有效提升企业的盈利能力。面对日益激烈的市场竞争环境，众多企业纷纷采取各种策略以降低成本，增强自身的市场竞争力，其中财务管理的成本控制功能发挥了至关重要的作用。

　　成本控制是系统化的企业财务管理过程，在实现财务管理目标的过程中对不同成本资源和成本要素的重新组合①。在财务管理阶段，企业管理者可以依据财务数据分析的结果，做出更加科学合理的投资决策、融资决策及利润分配决策。这样的决策过程不仅能确保企业资源的有效利用，还能促进利润分配额的最大化，从而充分发挥财务管理在提升企业价值方面的作用。

　　此外，成本控制效果的提升，还意味着企业财务、人力、物资等各方面资源能够得到更加高效的配置。通过成本控制，企业可以识别并消除资源浪费现象，提高资源的使用效率，进而提升财务管理的整体水平。这一过程的持续优化，将为企业构建一个更加稳健、高效的财务管理体系，为企业的可持续发展提供坚实的保障。

　　综上所述，企业财务管理与成本控制之间存在着一种相辅相成、相互促进的关系。企业现阶段应当高度重视财务管理与成本控制的融合与协同，结合企业自身的实际发展需求，对现存的财务管理与成本控制问题进行深入剖析，进而制定出既具有针对性又行之有效的管控策略。只有这样，才能更好地助力企业发展，提升企业的经济效益水平，为企业的长远发展奠定坚实的基础。

---

① 　原红.企业财务管理与成本控制协同管理的有效路径研究［J］.中国市场，2022（12）：157—159.

第二节　企业财务管理与成本控制的现状

一、当前企业财务管理与成本控制中存在的问题

（一）财务管理与成本控制意识淡薄

众多企业在追求快速发展的过程中，往往将管理重心过度倾斜于短期经济效益的提升及业务活动的扩张上，而忽视了财务管理与成本控制这一基础且关键的环节。这种短视行为导致财务管理在企业战略规划中的边缘化，成本控制机制则未能得到充分的建立与完善。具体而言，管理层对财务管理与成本控制的重视程度不足，未能充分认识到其在优化资源配置、提升资金使用效率、降低运营成本等方面的重要作用。

进一步而言，财务管理与成本控制工作的专业性要求较高，需要由具备扎实财务知识、丰富实践经验和敏锐市场洞察力的专业人员来执行。然而，现实中不少企业将人力资源开发的重点放在科研技术人员的培养上，对财务工作人员的专业成长与职业发展关注不够，导致财务团队的整体素养与业务能力难以满足现代企业财务管理的需求。这种人力资源配置的不均衡，不仅限制了财务管理与成本控制功能的充分发挥，还加剧了企业在资金管理、预算编制、成本控制及应收账款管理等方面的风险。资金管理的不到位可能导致资金利用效率低下，甚至引发资金链断裂的危机；资金使用无计划则会造成资源的浪费和配置的不合理；而应收账款清收不力则会增加坏账损失，影响企业的现金流稳定。这些问题若长期得不到有效解决，将严重制约企业的健康发展，削弱其市场竞争力，进而降低企业的经济效益和盈利能力。

因此，企业管理人员亟须转变观念，将财务管理与成本控制提升至战略高度，视为企业持续发展的基石。同时，还应加强对财务工作人员的专

业培训与指导，提升其专业素养与业务能力，为财务管理与成本控制工作的有效开展提供坚实的人才保障。唯有如此，企业才能在激烈的市场竞争中实现长期稳健的发展。

（二）财务管理和会计核算关系处理失当

在企业运营管理的实践中，财务管理与会计核算作为两个紧密相连的领域，其协同作用对于保障企业财务信息的准确性、提升决策支持能力至关重要。然而，通过深入剖析相关文献资料，不难发现，当前众多企业在处理财务管理与会计核算关系时存在明显不当之处。企业在会计核算工作的开展过程中，往往过于侧重核算流程、会计结构设置以及资金运作的监控等方面，而忽视了对会计材料的深度加工与有效分析。这种片面追求核算形式上的完整与规范，而忽视了对会计数据背后经济实质的挖掘与利用的做法，导致财务管理在决策支持、风险预警及资源配置等方面的作用无法得到充分体现。财务管理与会计核算的脱节，使得企业难以基于准确的财务信息做出科学合理的经济决策，进而影响了企业的战略规划和长远发展。

同时，企业在成本控制方面也存在诸多不足。成本费用核算是成本控制的基础环节，其准确性直接关系到成本控制的效果。然而，由于部分工作人员责任心不强、专业素养不高，导致在成本费用核算过程中经常出现核算数据不真实、核算不规范等问题。这些问题的存在，不仅使得企业无法准确掌握自身的成本状况，难以制定有效的成本控制策略，还可能在片面追求短期利润的过程中，忽视了成本控制对于企业可持续发展的重要性，从而阻碍了企业的长期稳健发展。

因此，企业需要正确认识并处理财务管理与会计核算之间的关系，实现两者的有机融合与相互促进。一方面，要加强对会计材料的深度加工与有效分析，充分发挥财务管理在决策支持、风险预警等方面的作用；另一方面，要提高成本费用核算的准确性和规范性，加强成本控制，为企业的可持续发展提供有力保障。

（三）企业成本控制观念滞后且定位模糊

在企业管理中，成本控制作为提升经济效益、增强市场竞争力的关键手段，其重要性不言而喻。然而，通过细致梳理相关文献资料，我们不难发现，当前许多企业在成本控制观念及定位上存在显著不足，成为制约其长远发展的瓶颈。

一方面，企业的成本控制观念相对落后，未能与时俱进。成本控制的目标本应是通过科学合理的手段，有效降低企业成本，进而增加企业效益，提升企业的整体价值。然而，许多企业对成本控制的认知仍然停留在单一减少费用开支的层面，缺乏对企业实际运营情况和经营战略目标的深入考量。这种片面的成本控制观念，导致企业在提高产量、降低成本的过程中，往往以物质为对象，以生产制造过程为中心，忽视了成本控制的全局性和系统性。在新时期市场经济环境下，这种传统的成本控制方式已难以满足市场需求的变化，也无法为企业的长远发展提供有力支撑。

另一方面，企业对成本控制的定位存在偏差。成本控制是一项涉及内容广泛、环节众多的复杂工作，包括成本决策、成本计划、成本核算、成本预测分析等多个方面。它不仅需要财务部门、生产部门等相关部门的紧密配合，更需要企业各部门及人员的协作与共同努力。然而，目前许多企业管理人员对成本控制的定位不够准确，导致部门及人员之间的配合度不足，成本控制工作内容相对简单重复，缺乏时效性和针对性。这种状况下，预算、汇总分析等关键工作难以有效完成，准确全面的数据信息也难以生成，严重影响了企业管理的规范性和科学性。

此外，许多企业在成本控制过程中，过于关注产品的生产环节，而忽视了产品设计、采购、升级等环节产生的成本。这种片面的成本控制方式，导致企业无法对全链条的成本进行有效控制，降低了成本控制的整体效果。在新时期市场经济环境下，企业需要从全局和系统的角度出发，对成本控制进行重新定位和审视，构建全面、科学的成本控制体系，为企业的可持续发展提供有力保障。

（四）缺乏完善的财务管理与成本控制制度

在企业管理实践中，财务管理与成本控制作为核心管理职能，其有效实施依赖于完善且科学的制度体系作为支撑。然而，通过深入剖析相关文献资料，我们发现当前众多企业在财务管理与成本控制制度建设方面存在的显著不足，这些不足已成为阻碍其管理规范化、高效化的重要障碍。

由于企业管理人员对财务管理与成本控制的重视程度不够，导致在制度建设层面缺乏足够的投入和关注。具体而言，企业未能针对财务管理与成本控制制定出一套全面、系统且有效的制度体系，使得这两项关键管理活动在开展过程中缺乏明确的规范指导和流程约束。这种制度性的缺失，不仅降低了财务管理与成本控制工作的规范性和有序性，还严重影响了其工作质量的提升。

在缺乏完善制度体系的支撑下，财务管理与成本控制工作极易陷入混乱和无序的状态。数据失真、核算不准确、成本控制不全面等问题频发，严重削弱了企业财务信息的可靠性和决策支持能力。同时，由于制度缺失，当工作出现问题时，往往难以及时找到对应的负责人并要求其整改，也无法按照制度规定对相关人员进行批评处罚。这种责任追究机制的缺失，进一步加剧了企业管理的不规范性和不严谨性。

因此，企业在现阶段及后续发展过程中，必须高度重视财务管理与成本控制相关制度体系的建设工作。企业应结合自身实际情况和经营战略目标，制定出一套全面、系统且具有可操作性的财务管理与成本控制制度体系。通过制度化的管理手段，明确各项工作的规范要求和流程标准，确保财务管理与成本控制工作的有序开展和高质量完成。同时，企业还应建立健全责任追究机制，对工作中出现的问题进行及时追责和处罚，以维护企业管理的规范性和严肃性。

二、问题产生的原因分析

（一）内部管理层面对成本控制认知与执行的局限性

在当前企业经营管理的实践中，部分企业内部管理层对于成本控制的重要性尚存在认知上的不足，这一现状直接制约了企业成本控制工作的有效推进。具体而言，这些管理者往往缺乏一种深入骨髓的成本控制理念，未能将成本控制视为企业提升竞争力、实现可持续发展的关键要素。因此，在企业的决策制定和日常运营过程中，成本因素往往被边缘化，未能得到充分的考虑和重视。

然而，通过进一步分析发现，这些企业在成本控制体系的构建上也存在明显短板。成本控制体系作为企业财务管理的重要组成部分，应当具备系统性、完整性和科学性，以确保成本控制工作的全面、有效实施。然而，在部分企业中，成本控制体系却显得支离破碎，缺乏统一的规划和设计。成本控制流程不清晰，责任划分不明确，导致各部门在成本控制工作中相互推诿、扯皮，严重影响了成本控制工作的效率和效果。

此外，在成本控制方法的选择上，部分企业也表现出明显的滞后性。随着信息技术的飞速发展和企业管理理论的不断创新，越来越多的先进管理工具和技术手段被应用到成本控制领域。然而，这些企业却仍然停留在传统的手工操作和简单的财务分析阶段，无法充分利用现代信息技术和先进管理方法来提升成本控制的精准度和效率。这种方法上的滞后性不仅制约了成本控制工作的深入开展，也影响了企业整体管理水平的提升。

最后，企业财务管理人员的专业素养也是影响成本控制工作效果的重要因素。在部分企业中，财务管理人员缺乏成本控制的专业知识和实践经验，对成本控制的理论和方法了解不够深入，难以运用所学知识解决实际问题。这种专业素养的不足直接导致了成本控制工作的盲目性和随意性，使得成本控制工作难以取得预期的效果。因此，提升企业财务管理人员的专业素养，加强成本控制知识的培训和实践经验的积累，已成为当前企业加强成本控制工作亟待解决的问题。

（二）外部环境因素对企业成本控制的深刻影响

企业作为市场经济活动的主体，其成本控制工作不可避免地受到外部环境因素的深刻影响。其中，宏观经济环境的变化是企业成本控制面临的重要挑战之一。经济增长速度的快慢、通货膨胀水平的高低、汇率和利率的波动等宏观经济指标，都会直接或间接地影响企业的成本结构。在经济环境不稳定的情况下，如经济增长放缓、通货膨胀加剧或汇率波动剧烈时，企业面临着原材料价格上涨、融资成本上升、市场需求萎缩等多重压力，这些压力共同作用于企业的成本控制体系，使得成本控制工作变得更加复杂和艰难。

同时，科技的进步也是影响企业成本控制的重要因素。随着生产技术的不断革新和管理方法的持续优化，企业的生产效率和管理水平得到了显著提升。然而，对于未能及时跟上技术变革步伐的企业来说，其成本控制手段可能会迅速落后，无法满足现代企业管理对精准、高效、智能化的要求。因此，企业必须保持对新技术、新方法的敏锐洞察力，积极引进和应用先进的生产技术和管理方法，以提升成本控制的水平和效果。

此外，市场竞争的加剧也迫使企业更加注重成本控制。在激烈的市场竞争中，企业为了保持竞争优势，必须不断降低成本、提高效率、优化产品结构和服务质量。这就要求企业必须建立一套科学、完善的成本控制体系，确保在激烈的市场竞争中能够保持稳健的财务状况和持续的盈利能力。

最后，政策环境的变化也对企业成本控制产生着重要影响。政府的税收政策、金融政策、环保政策等都会对企业的成本产生直接或间接的影响。例如，税收政策的调整可能会影响企业的税负水平，进而影响企业的成本结构；金融政策的变动可能会影响企业的融资成本和资金运作效率，从而对企业的成本控制提出新的要求。因此，企业必须密切关注政策环境的变化，及时调整成本控制策略，以适应新的市场环境和政策要求。

第三节 企业强化财务管理与成本控制的策略

企业财务管理与成本控制紧密相连，提升二者的管理成效，有助于实现成本的优化管控，增进企业经济效益，为企业的可持续发展奠定坚实基础。故而，企业管理者需充分重视财务管理与成本控制工作，依据企业发展需求及管控目标，制定协同管理策略。在协同管理实践中，可通过更新企业管理理念、打造专业人才团队、强化财务内部控制、完善财务管理制度以及健全成本控制体系等途径，进一步提升财务管理水平，实现对企业成本的有效控制。

一、更新并树立先进的企业管理观念

在当今复杂多变的市场环境中，企业管理者必须深刻认识到财务管理与成本控制对于企业发展的核心重要性。这要求管理者不仅要更新传统的管理观念，还要从根本上提升对财务管理与成本控制的重视程度，深刻理解两者之间的内在联系及相互作用机制。为此，企业应积极倡导并实践一种全新的管理理念，即将财务管理与成本控制视为企业战略规划与实施过程中的关键要素，通过制定科学、合理且高效的管控对策，协同推动企业财务目标的实现与可持续发展战略的落地。

企业管理者应率先垂范，组织并鼓励相关工作人员积极投身于市场调研工作之中。这一工作不仅限于对市场环境的基本了解，更应深入经济趋势的细微变化之中，通过多渠道、多维度地收集数据信息，确保所获信息的全面性、准确性和时效性。在此基础上，企业应结合自身的发展阶段、资源禀赋、行业特点等实际情况，对原有的发展决策和管理目标进行重新审视与调整。例如，在新经济形势下，企业面临着前所未有的发展机遇和广阔的上升空间。此时，企业管理者应敏锐地捕捉市场动

态，结合自身的发展优势和潜力，制定出既符合市场规律又贴合企业实际的战略决策。在稳定生产成本、确保产品质量的前提下，企业可以适时增加投资力度，优化资金配置结构，加快资金运转速度，提高资金的使用效率和效益。通过这一系列财务管理与成本控制的综合施策，企业不仅能够有效提升财务管理水平，还能在激烈的市场竞争中脱颖而出，实现经济效益的持续增长。

二、着力培养并留住专业财务管理人才

企业若要在激烈的市场竞争中保持财务管理与成本控制的领先地位，就必须高度重视专业人才的引进与培养，组建一支高素质、专业化的财务管理人才队伍。这不仅是提升企业财务管理与成本控制效果的关键，也是提高协同管理水平、推动企业持续发展的重要保障。在具体建设人才队伍时，企业可从以下几个方面着手进行：

第一，加强人才招聘，严格把关入口。企业应根据自身的发展阶段、业务特点和财务管理及成本控制的具体要求，科学合理地设定人才准入门槛。在招聘过程中，不仅要对应聘人员的专业知识能力、工作经验等方面进行严格筛选，还要注重考察其职业道德、责任心等软实力，确保招聘到的是既具备扎实专业技能又富有责任心和敬业精神的综合型人才。这样才能更好地满足企业财务管理与成本控制工作的需要，提高工作效率与质量。

第二，加强人员培训，提升专业素养。企业应针对不同岗位的工作职责特点、员工在职工作时长及个人发展需求，制定切实可行的培训计划。通过定期组织人员参与培训学习，促进工作人员及时更新知识体系，掌握更多先进的财务管理方法和成本控制经验。同时，还要加强职业道德教育和责任心培养，增强员工的职业素养和责任意识，使其能够更好地适应新环境要求，规范高效地开展财务管理与成本控制工作。

第三，实施岗位轮换制度，促进跨部门沟通与合作。为实现财务管理与成本控制的协同管理，企业应设置岗位轮换制度，让相关部门及人员能够通过定期轮岗的方式，深入了解其他部门的工作流程和业务特点，学习

更多相关知识。这样不仅可以提高员工的综合素质和业务能力，还能增强部门之间的沟通与配合，打破信息壁垒，形成工作合力。从而有效提升整体工作效率，推动企业财务管理与成本控制工作的顺利开展。

三、全面加强财务内部管控，提升管理效能

企业若要进一步提升财务管理与成本控制的效果，就必须高度重视并不断加强财务内部管控水平。建设更为完善、高效的财务内部管控体系，是企业实现这一目标的关键所在。在具体实践中，企业可采取以下相关措施来加强财务内部管控：

第一，深入把握财务管理细节，健全内控制度。企业应紧密结合财务管理工作的实际内容，制定详尽、具体的内控制度。这些制度应涵盖财务管理的各个环节，确保财务工作的开展有章可循、有据可查。通过内控制度的有效执行，可以保障财务管理工作的真实性和规范性，充分发挥其在企业运营中的重要作用。同时，内控制度的完善还能有效减少财务风险问题的发生，为企业的稳定发展提供有力保障。

第二，加大财务公开与服务机制建设力度，提高科学管理水平。企业管理者应充分认识到财务公开的重要性，通过建立健全财务公开制度，确保财务信息的透明度和可追溯性。此外，企业还应加强财务服务机制的建设，为各部门和员工提供及时、准确的财务信息和服务支持。这不仅可以提高财务管理的科学性，还能增强员工对财务管理工作的信任和支持，形成良好的财务管理氛围。

第三，统一标准与规章制度，强化协同管理效果。为了实现财务管理与成本控制的协同管理，企业应根据二者的目标、工作内容等，制定统一的标准和规章制度。这些标准和规章制度应明确各部门在财务管理和成本控制中的职责和权限，确保各部门之间能够协同配合、形成合力。通过统一标准和规章制度的制定与执行，可以提高财务管理与成本控制的协同管理效果，推动企业的整体运营效率和管理水平的提升。

四、不断完善财务管理制度，强化制度执行与监督

企业要想确保财务管理工作的规范性和有效性，就必须不断完善财务管理制度，并加大制度落实力度。具体而言，企业应从以下几个方面入手：

首先，企业管理者应增强法律意识，对相关的法律法规进行充分了解和深入研究。这是制定完善财务管理制度的前提和基础。在充分掌握法律法规的基础上，企业应结合自身的发展情况，针对财务管理工作制定出一套科学、合理且具有可操作性的财务管理制度。这些制度应涵盖财务管理的各个方面，包括资金筹集、投资决策、成本控制、收益分配等，确保财务管理工作的有章可循、有据可查。

其次，企业需明确规定相关岗位职责及工作要求，完善责任制体系。通过明确各部门和人员在财务管理中的职责和权限，让相关部门及人员能够清晰地了解自身的工作任务和要求。在日常工作开展过程中，各部门和人员应严格按照制度规定约束自身行为，规范操作流程，提高工作质量和执行力。同时，企业还应建立健全的考核机制，对各部门和人员的财务管理工作进行定期考核和评价，激励其积极履行职责，提高工作效率。

此外，对于财务管理工作中出现的问题，企业应及时查明原因并进行处理。在问题处理过程中，应坚持原则、公正公平，找到对应的负责人，并按照财务管理制度的要求对其进行批评处罚。通过严格的问责机制，可以促使各部门和人员更加认真地履行职责，遵守制度规定，确保财务管理工作的顺利进行。同时，企业还应加强对财务管理制度的宣传和培训力度，提高全体员工的制度意识和执行力，为企业的健康发展提供有力保障。

五、全面健全成本控制体系，提升成本控制效能

企业管理者应深刻认识到，有效管控成本对于财务管理工作的顺利开展以及企业整体稳定发展具有至关重要的作用。因此，管理者必须高度重

视成本控制工作,并采取切实有效的措施加以推进。

在此情况下,管理者应加大宣传教育力度,通过多种形式、多种渠道向各部门及人员普及成本控制的相关知识和内容,使其对成本控制的重要性有更加全面的了解。同时,要倡导全员参与成本控制的理念,增强成本控制在企业中的地位和影响力,形成人人关心成本、人人参与成本控制的良好氛围。这样不仅能够提高员工的成本控制意识,还能够激发其积极性和创造力,推动成本控制工作的高效进行。

其次,企业管理者应根据成本控制的具体内容和工作流程,结合企业的发展需求和财务管理要求,进一步健全和完善成本控制体系。这一体系应涵盖成本预算、成本核算、成本分析、成本考核等各个环节,确保成本控制工作的规范性和系统性。同时,要注重成本控制体系的灵活性和适应性,根据市场变化和企业发展情况及时调整和优化成本控制策略和方法。

最后,企业需有效拓展成本控制的范围,不仅局限于产品生产成本的管控,还要将成本控制延伸到产品的设计、营销、升级、售后等多个环节。通过对这些环节产生的成本进行全面、细致的控制和管理,确保整体成本费用的合理性。此外,企业管理者还应安排工作人员积极开展市场调研工作,多与客户沟通交流,深入了解客户的多样化需求和市场变化趋势。通过掌握更为全面的数据信息,开发出能够满足客户实际需求的产品,并对制造成本进行合理控制。这样不仅能够提高产品的整体价值和竞争力,还能够增加产品的销售量和市场份额,进而达到有效提高企业利润的目的。

六、深化绩效评价工作,激发员工潜能与责任心

开展绩效评价工作是企业管理中的重要环节,它不仅能够为管理者提供全面、客观的工作成效反馈,还能有效约束员工的工作行为,激发其工作动力和责任心。为了做好绩效评价工作,企业应从以下几个方面入手:

首先,企业管理者应建立全面、多维度的评价体系。在评价员工工作

时，既要注重结果，也要关注过程。结果评价能够直观反映员工的工作成果和业绩，而过程评价则能够揭示员工在工作中的态度、努力程度以及遇到的问题和解决方法。通过多维度评价，可以确保评价的全面性和合理性，突出绩效评价的激励和导向作用。

其次，根据绩效评价结果，企业应制定合适的奖惩措施。对于存在违规、失职等问题的员工，应按照评价结果和规章制度要求，予以相应的处罚，以维护企业的正常秩序和公平正义。同时，对于表现优异、成果突出的员工，也应按照评价结果和制度要求，予以相应的奖励，以表彰其贡献和激励其继续努力。奖惩措施的制定和执行应公开、透明，确保员工对评价结果的认可和接受。

此外，企业还应注重绩效评价的反馈和沟通。在绩效评价结束后，应及时将评价结果反馈给员工，并与其进行面对面的沟通和交流。通过反馈和沟通，可以让员工了解自己的优点和不足，明确改进方向和目标。同时，也可以增强员工对绩效评价工作的信任和支持，提高其参与度和积极性。

总之，深化绩效评价工作是企业管理中的重要任务。通过全面、多维度的评价体系和合适的奖惩措施，可以约束员工的行为、激发其潜能和责任心，提高企业的整体绩效和竞争力。

七、强化监督管理力度，确保财务管理与成本控制有效实施

财务管理与成本控制是企业管理的核心环节，为了加强两者的协同管理，充分发挥其作用，必须加大监督管理力度。以下是企业可以采取的具体措施：

首先，企业应设立专门的监管部门，并配备专业的监管人员。这个监管部门将负责全程监督财务管理与成本控制工作的开展，确保各项规章制度得到严格落实。通过专业的监管，可以规范财务管理与成本控制的工作流程，提高工作的规范性和有效性。同时，监管部门还能及时发现并纠正工作中存在的问题，避免企业资源的浪费，有效规避财务风险的发生。此

外，监管部门的存在也能促使各部门及人员更加认真地履行职责，确保工作责任得到有效落实。

其次，企业应采取事前预防、事中控制、事后处理的全方位监督管理措施。在事前预防阶段，监管部门应参与财务规划与成本预算的制定，确保计划的合理性和可行性。在事中控制阶段，监管部门应密切关注财务管理与成本控制工作的执行情况，及时发现并纠正偏差，确保工作按照计划顺利进行。在事后处理阶段，监管部门应对工作成果进行评估和总结，分析存在的问题和不足，提出改进意见和建议，为未来的工作提供参考。

通过强化监督管理力度，企业可以更好地达成成本控制目标，提升财务管理水平。同时，还能增强企业的内部控制能力，提高企业的整体竞争力和抗风险能力。因此，企业应高度重视监督管理工作的开展，不断完善监督管理机制，确保财务管理与成本控制工作的有效实施。

八、全面推广并积极运用先进技术手段

在当今信息化、数字化高速发展的时代背景下，企业若要在激烈的市场竞争中立于不败之地，必须紧跟时代步伐，不断提升财务管理与成本控制的信息化水平。为此，企业应积极寻求并运用更多先进的技术手段，以科技赋能财务管理，优化成本控制流程。

具体来讲，企业可充分利用 ERP 系统这一集成化管理平台，将财务管理与成本控制工作深度融入其中。ERP 系统通过整合企业内外部资源，实现数据信息的实时共享与同步，使得财务管理人员能够迅速获取准确、全面的财务信息，为决策支持提供有力保障。同时，ERP 系统的自动化处理功能可大幅减轻财务人员的工作负担，将重复性、基础性的工作交由系统完成，如账务处理、报表生成等，从而显著提高工作效率。

此外，机器人流程自动化（Robotic Process Automation，简称 RPA）技术作为一种新兴的数字化工具，也在财务管理与成本控制中展现出巨大潜力。通过部署 RPA 机器人，企业可以自动化执行一系列预设的财务流程，

如数据录入、核对、报表编制等，进一步提升处理速度和准确性。RPA 技术的引入，不仅有助于减少人为错误，还能释放财务人员的时间，使他们能够专注于更具价值的工作，如财务分析、预算管理等。

除了利用现成的技术解决方案，企业还应根据自身实际情况和发展需求，灵活采购配置更多适用的软件产品。这些软件产品应涵盖财务管理、成本控制、预算管理、风险管理等多个方面，形成一套完整的信息化管理体系。同时，对于具备一定实力和技术基础的企业而言，加大资金技术支持，自主研发更多系统软件也是一个值得考虑的选择。通过自主研发，企业可以更加贴合自身业务特点，打造出更加个性化、高效的财务管理与成本控制工具。

相较于传统的人工操作管理方式，先进技术的应用无疑为财务管理与成本控制带来了革命性的变革。它不仅实现了信息的同步与实时监控，还使得数据采集、分析变得更加自动化、智能化。同时，先进技术的应用还能够提供风险预警功能，帮助企业及时发现并应对潜在的财务风险，从而确保财务管理与成本控制的实效性和有效性。因此，企业应积极拥抱技术变革，充分利用先进技术手段，不断提升财务管理与成本控制的信息化水平，强化成本控制效果，真正为企业的可持续发展提供有力保障。

第八章　面向未来的企业财务成本控制趋势

第一节　数据驱动的决策

在传统的企业管理框架中，财务决策过程往往深受管理者主观判断与过往经验的影响。然而，随着全球经济环境的日趋复杂以及信息技术的日新月异，这种依赖主观与经验的决策模式逐渐暴露出其固有的局限性，难以有效应对当前瞬息万变的商业挑战。近年来，大数据与人工智能技术的崛起，为企业决策领域带来了一场前所未有的革命，数据驱动的决策模式应运而生，为企业财务成本控制开辟了新的路径与工具。

数据驱动的决策，其核心理念在于运用先进的技术手段，对海量、多维度的数据进行深度挖掘与细致分析。在这一过程中，企业不再局限于有限的历史数据或个别专家的主观意见，而是能够依托全面的、实时的数据信息，更加精准地把握市场动态，预测未来发展趋势。对于财务部门而言，可以通过整合市场数据、运营数据、财务数据等多源信息，进行综合分析，从而更加准确地预判市场需求的变化。这一转变不仅为企业的产品定价、库存管理、投资策略等关键决策提供了科学依据，还极大地提升了决策的效率与准确性。

进一步而言，数据驱动的决策在资源配置优化方面发挥着举足轻重的作用。通过对成本数据、效率数据等关键指标的深入分析，财务部门能够迅速识别出资源配置中的瓶颈与浪费环节，进而提出切实可行的改进建议。这有助于促进资源向更高效、更有价值的领域流动，提升企业的整体运营效率。同时，在保障企业竞争力的前提下，有效控制成本，增强企业的盈利能力，为企业的可持续发展奠定坚实基础。

此外，数据驱动的决策在风险管理方面也展现出其独特的优势。通过对历史数据的深度学习与模拟分析，企业可以构建出精准的风险预警模型，及时发现并应对潜在的市场风险、信用风险等，有效降低企业面临的不确定性。作为风险管理的重要参与者，财务部门通过积极参与数据收集与分析工作，能够为管理层提供更为全面、精准的风险评估报告。这有助于企业制定更加稳健、可行的发展战略，确保企业在复杂多变的商业环境中保持稳健前行。

因此，在新时代的背景下，财务部门亟须积极转变角色，从传统的数据记录者与报告者转变为数据驱动的决策支持者。这要求财务部门不仅要熟练掌握数据挖掘、机器学习等先进的数据分析工具与技术，还要具备跨部门协作的能力，以确保能够高效采集到参与决策所需的全方位数据。同时，财务部门还需与管理层保持密切沟通与合作，将数据分析的成果转化为具体的战略决策建议。通过共同努力，推动企业在复杂多变的商业环境中稳健发展，实现财务成本控制的优化与升级。

第二节 智能化的财务系统

在传统的企业财务管理模式中，财务系统主要依赖于人工手动输入和处理数据，这一过程烦琐且耗时，且因人为因素的介入，数据错误和延误现象屡见不鲜，严重影响了财务管理的效率和准确性。然而，随着信息技术的迅猛发展，尤其是大数据、云计算和人工智能等前沿技术的融合应用，现代企业正稳步踏入智能化财务系统的新纪元，以自动化、智能化的技术手段全面革新财务管理的流程与模式。

智能化财务系统，作为信息技术与财务管理深度融合的产物，通过集成尖端的信息技术和复杂算法，实现了财务数据的自动化采集、高效处理与深度分析。这一根本性转变极大地提升了财务工作的效率，使得原本烦琐的数据录入、核对和整理工作得以由系统自动化完成，从而显著缩短了财务处理周期，降低了人力成本。同时，智能化系统的引入有效减少了人为操作所带来的错误风险，确保了数据的准确性和可靠性，为财务管理的精准决策提供了坚实的数据基础。

智能财务系统不仅具备强大的自动化处理能力，还能够根据预设的业务规则和算法模型，自动生成详尽且准确的财务报表和分析结果。这些报表和分析结果以直观、易懂的图表和报告形式呈现，使得企业管理层能够迅速、全面地掌握企业的财务状况、经营成果和现金流动态，为企业的战略规划和决策制定提供了及时、有力的数据支持。这种数据驱动的决策模式，使得企业管理层能够更加科学地评估企业的财务健康状况，为企业的未来发展提供明确的方向指引。

此外，智能化财务系统还蕴含着强大的数据挖掘和分析潜能。通过对海量财务数据的深度挖掘和智能分析，系统能够揭示出潜在的财务风险点、成本节约的机遇及经营改进的空间。这些深层次的洞察和分析结果，为企业管理层提供了宝贵的决策参考，有助于他们更加精准地把握市场动态，制定更加符合企业实际情况的财务战略和经营决策。智能化财务系统的这一功能，不仅提升了企业的财务管理水平，还增强了企业的市场竞争力和适应能力。

智能化财务系统的涌现，不仅极大地提高了财务管理的效率和准确性，还为企业管理层提供了更加及时、全面的财务信息支持，推动了企业财务管理模式的深刻变革。这一变革不仅重塑了财务管理的流程与格局，更为企业的可持续发展奠定了坚实的技术基础。展望未来，随着信息技术的持续进步和应用场景的不断拓展，智能化财务系统将在企业财务管理中发挥更加核心和关键的作用，成为企业数据驱动决策不可或缺的重要引擎。

第三节　财务透明度的提升

在当下复杂多变且竞争激烈的商业生态系统中，财务透明度已然跃升为企业维系良好声誉、吸引多元化投资者并稳步推进可持续发展进程的核心要素。从历史发展脉络来看，传统企业对外披露财务信息的模式，多以定期报告为主要载体。这种定期报告形式所呈现的财务数据，具有显著的静态特征，并且由于报告编制周期的限制，不可避免地存在一定程度的时滞性。在信息瞬息万变的时代背景下，这样的信息呈现方式，难以契合投资者及其他利益相关方对于实时洞察企业财务状况的迫切需求。随着信息技术以前所未有的速度迅猛发展，以及市场环境日趋复杂，动态、实时且精准的财务信息，对于企业科学制定决策、有效防控风险以及精准进行市场定位，都具有举足轻重的意义。

步入现代社会，投资者与其他利益相关方对企业财务状况的期许和要求达到了全新高度。他们迫切期望企业能够提供实时更新、全面覆盖且精准无误的财务信息，以此作为深入评估企业经营态势、盈利能力及未来发展潜力的坚实依据。这种对于财务透明度的强烈需求，不仅是市场追求公平公正交易环境的直观体现，更是企业塑造良好信誉形象、增强投资者信心的关键路径。从本质上讲，财务透明度的提升，是企业在资本市场中遵循市场规则、践行社会责任的重要表现。

在此背景下，企业财务部门在提升财务透明度这一关键任务中，无疑肩负着至关重要的使命。为切实达成提升财务透明度的目标，财务部门需积极引入并运用更为透明化的财务报告与信息公开机制。这就要求企业秉持主动、及时的原则，向外界披露准确且合规的财务信息，确保所有利益相关方均能平等地获取这些关键信息。与此同时，财务部门还需严格遵循相关法律法规及会计准则的各项要求，对所公布的财务信息进行严格审核与把关，从源头上保证信息的真实性与可靠性。因此，企业所提供的财务信息才能在市场中具备公信力，为企业赢得各方信任。

通过切实提高财务透明度，企业所收获的效益是多维度的。一方面，能够显著增强投资者以及其他利益相关方对企业的信任程度，进而提升企业在市场中的竞争力。透明的财务信息如同企业的一张亮丽名片，有助于企业塑造积极正面的企业形象，吸引更多优质投资者与合作伙伴的关注与青睐。另一方面，透明的财务信息公开机制，能够反哺企业内部管理，推动企业内部管理朝着规范化、标准化方向迈进，从而有效提升企业的运营效率与管理水平。在企业内部，清晰透明的财务信息能够为各部门提供准确的数据支持，促进部门间的协同合作，优化资源配置，提升企业整体运营效能。

综上所述，财务透明度的提升无疑是企业构建稳固信誉、增强投资者信任的重要基石。面对市场不断变化的需求，财务部门应积极主动地顺应时代潮流，大力采用更加透明的财务报告与信息公开机制，主动且及时地向外界公布准确、合规的财务信息，为企业的可持续发展筑牢根基。在未来，随着市场环境的持续演变以及投资者需求的不断升级，财务透明度的提升将成为企业在激烈市场竞争中脱颖而出的关键竞争力之一，企业需持续关注并不断优化相关机制，以适应不断变化的市场需求。

第四节　绿色财务与可持续发展成本控制方向

在全球范围内，环境保护与可持续发展议题正日益成为各界关注的焦点，这一趋势深刻影响着企业的战略布局与运营管理。在此宏观背景下，绿色财务与可持续发展成本控制已然跃升为企业面向未来发展的核心战略方向。

从财务管理层面审视，企业在追求传统经济效益最大化的进程中，必须将环境成本与社会成本纳入全面的考量范畴。绿色财务理念强调企业应构建一套完备的成本核算体系，将环境因素深度融入其中。具体而言，对生产流程中资源的消耗程度、污染物的排放数量等关键指标进行精确量化评估，并将这些评估结果转化为可衡量、可监控的具体成本指标。以碳排放控制为例，企业为降低碳排放所投入的环保设备购置资金、后续的运行维护成本，以及因未能遵守环保法规而可能面临的罚款支出等，均应被视为绿色成本的重要构成要素，纳入精细化的核算与严格的控制框架之内。

基于可持续发展的战略视角，企业不能仅局限于短期的成本效益权衡，而需将目光放远，聚焦于长期的战略规划与布局。通过加大对环保技术研发创新、绿色产品设计优化等领域的资源投入，企业不仅能够有效提升自身在市场中的核心竞争力，还能借此开拓全新的市场发展机遇。在短期内，这些投入无疑会增加企业的运营成本负担，但从长远发展的维度来看，随着消费者环保意识的逐步觉醒及绿色市场规模的持续扩张，企业有望获得更为丰厚的回报。更为重要的是，积极践行可持续发展理念，有助于企业在社会公众心目中树立起良好的企业形象，增强品牌的美誉度与公信力，进而吸引更多的战略投资者与忠实客户群体，为企业的长期稳健发展奠定坚实的基础。

在这一过程中，数据驱动的决策显得尤为关键。通过对环境成本、资源消耗等相关数据的精准收集、深度分析，企业能够更为科学地评估绿色财务与可持续发展举措的成本与收益。例如，借助大数据分析技术，企业可以详细了解不同生产环节的资源利用效率，从而精准定位成本控制的关键点，制定更为有效的绿色成本控制策略。同时，对市场数据的跟踪与分析，能帮助企业把握消费者对绿色产品的需求动态，合理规划环保技术研发与绿色产品设计的投入方向，确保资源的优化配置，实现企业经济效益与环境效益的双赢。

第五节　未来工作场所对成本控制的新要求

随着数字化与智能化技术的迅猛发展，未来工作场所正经历着一场前所未有的深刻转型，这一转型不仅重塑了工作场所的形态与运作模式，更对企业传统的财务成本控制体系提出了全新的诉求与挑战。

在新型工作模式的推动下，如远程办公、弹性工作制度等，企业的传统办公格局与成本结构发生了颠覆性的变化。这一变革要求企业必须从全新的视角审视并评估其成本构成。具体而言，办公场地租赁、办公设备购置与维护等传统成本项目面临着重新审视。例如，随着远程办公模式的普及，企业对实体办公场地的需求可能大幅减少，这为企业提供了通过合理规划办公场地规模、优化空间布局来降低租金成本的宝贵机会。然而，这一变革并非简单的成本削减，而是需要在保持业务连续性和效率的同时，实现成本结构的优化。因此，企业在减少实体办公场地成本的同时，必须加大对数字化办公工具和网络基础设施的投资，如采购先进的视频会议系统、扩容云存储服务等数字化投入，已成为企业成本结构中的新组成部分。这就要求企业必须在传统办公成本缩减与数字化投入增加之间寻求一个最优的平衡点，以实现成本结构的整体优化与升级，确保企业在数字化时代保持竞争力。

此外，未来工作场所对员工技能的需求也发生了根本性的转变。在数字化、智能化的新时代背景下，企业亟须提升员工的数字化素养和创新能力，以使其能够适应快速变化的工作模式和业务需求。这一转变预示着企业在员工培训与发展方面的投入将显著增加。然而，这种投入并非无的放矢，而是具有明确的回报预期。通过科学、有效的培训体系，员工的工作效率将得到显著提升，从而为企业创造更大的价值。因此，企业必须构建一套科学、合理的培训成本评估体系，以确保培训投入能够取得相应的回报，避免资源的浪费。

同时，企业还应高度关注员工的健康与福利成本。在数字化、智能化的工作环境中，员工的身心健康对于保持工作效率和创造力至关重要。因此，企业应努力为员工创造一个舒适、宜人的工作环境，提高员工的满意度和忠诚度。这不仅可以激发员工的工作积极性和创造力，还能间接降低因员工流失而带来的招聘、培训等成本。通过关注员工健康与福利，企业可以构建一个更加稳定、高效的工作团队，为企业的长远发展提供坚实的人才保障和成本控制基础。

通过对上述几个方面的深入探讨，企业能够更好地把握未来财务成本控制的方向，提前布局，采取有效的应对策略，以在激烈的市场竞争中保持优势地位。在实际操作过程中，不同行业、不同规模的企业还需结合自身特点，灵活运用这些趋势，制定出符合企业发展战略的成本控制方案。

参考文献

［1］曹宏伟.企业财务成本管理与内部控制思路探究［J］.财会学习，2024（3）：167—169.

［2］陈萌.作业成本法的应用存在的问题及对策［J］.现代经济信息，2016（13）：181—182.

［3］邓俊龙.数智化时代企业财务管理职能的转型探究［J］.财会学习，2024（5）：10—12.

［4］邓丽娜.财务共享服务中心业财税一体化智能建设研究［J］.现代营销（上旬刊），2023（8）：44—46.

［5］顾钧锐.大数据背景下企业财务共享服务中心应用研究［J］.投资与合作，2022（6）：64—66.

［6］李昀轩.企业财务管理中的成本控制优化探究［J］.投资与创业，2024，35（19）：86—88.

［7］李德振.基于云计算的财务共享服务运作研究［J］.财富生活，2019（24）：5—6.

［8］李小静.论精益成本管理在企业中的应用［J］.中国市场，2023（12）：132—135.

［9］李祖君，魏文君.企业环境成本控制与价值提升路径——以H企业为例［J］.上海企业，2024（7）：46—48.

［10］李曜辰.价值链视角下Y公司环境成本管理案例研究［D］.吉林财经大学，2023.

［11］龙宗芹.ERP环境下企业成本控制模式研究［D］.哈尔滨工业大

学，2007.

[12] 栗媛 . 大数据时代下企业财务风险管理分析——基于内部控制角度 [J] . 中国市场，2024（25）：113—116.

[13] 马宝来 . 数字经济背景下企业财务管理转型及创新措施探究 [J] . 商展经济，2024（22）：181—184.

[14] 马丽莎 . 基于可持续发展观的社会责任成本研究 [D] . 西南财经大学，2008.

[15] 孟丽娜 . 企业环境绩效与财务绩效耦合关系研究——以华能国际为例 [D] . 重庆工商大学，2021.

[16] 潘晓玉 . 云计算背景下财务共享服务中心的应用 [J] . 黑河学院学报，2022，13（7）：62—64.

[17] 沈鹏飞 . 企业财务成本控制与管理策略分析 [J] . 知识经济，2024，694（30）：123—125.

[18] 邰秀勇 . 企业财务管理与成本控制研究 [J] . 首席财务官，2024，20（12）：92—94.

[19] 王玉钰，聂宇，刘石梅 . 企业财务管理与成本控制 [M] . 长春：吉林人民出版社，2019.

[20] 王斐 . 基于价值链分析的 T 公司成本控制研究 [D] . 西安石油大学，2021.

[21] 王震 . 浅谈价值链分析与成本控制 [J] . 中国商界（下半月），2009（7）：143.

[22] 谢昕 .ERP 系统在 W 公司成本控制中的应用研究 [D] . 安徽财经大学，2015.

[23] 夏牧 . 基于平衡计分卡的平安银行绩效评价研究 [D] . 湘潭大学，2017.

[24] 杨眹 . 基于平衡计分卡和作业成本法的航运企业成本控制研究 [J] . 对外经贸，2013（11）：114—115.

[25] 张庆龙，董皓，潘丽靖 . 财务转型大趋势 [M] . 北京：电子工业出版社，2018.

［26］张章．浅谈作业成本法在我国企业应用的难点和突破点［J］．时代金融，2015（32）：127．

［27］张清阳．"互联网＋"视域下饲料企业财务管理与成本控制契合发展路径探析［J］．中国饲料，2022（22）：103—106．

［28］章怡俊．数智化趋势下企业财务管理职能的转型探析［J］．财会学习，2023（27）：10—12．

［29］掌冰秋．基于ERP的A房地产公司目标成本控制研究［D］．江苏科技大学，2025．

［30］曾雪云，马宾，徐经长，等．区块链技术在财务与会计领域的未来应用：一个分析框架［J］．财务研究，2017（6）：46—52．

［31］郑容容．云计算技术在企业财务共享服务中心的应用［J］．中阿科技论坛（中英文），2024（8）：58—61．

［32］邹骏．作业成本法在企业成本控制中的应用［J］．会计师，2023（15）：46—48．